AF378957

*Germán Mesa Fresneda y el autor de este libro
quieren agradecer a todas las personas que nos apoyaron
y sin la ayuda de los cuales la realización de este volumen
no hubiera sido posible*

Uno no puede abrazar el pasado, porque si no,
con qué manos vas a recibir el futuro,
aprendí a borrar el pasado, no me detuve en el tiempo,
dejé que las cosas pasaran. Porque si no pasas página
el resentimiento no te deja vivir. Preferí pensar en lo positivo
y dejar a un lado lo negativo de mi situación.

GERMÁN MESA

ÍNDICE

UN DUETO PARA DISFRUTAR

El béisbol ha contribuido a formar en gran medida la personalidad del cubano, está en nuestro ADN. Mi padre seguía el equipo Almendares, la continuidad del azul lo llevó a simpatizar con los Industriales, equipo con gran arraigo popular.

La pelota (béisbol) nos identifica, tiene una gran carga mediática, el principal eslabón de este espectáculo son jugadores y fanáticos, estos últimos acrecientan la rivalidad y con su fiebre participativa convierten a sus ídolos en dioses que aclaman, a los que les exigen dentro y fuera del terreno.

Germán Mesa es por fuerza contaminante, uno de esos líderes indiscutibles. Mítico atleta convertido en leyenda, alrededor del cual se tejen innumerables historias, algunas reales, otras que forman parte del imaginario popular.

Escribir estas palabras para *Germán Mesa, el Mago del campo corto*, de Joao Fariñas es un compromiso para mí porque hace germinar en mi memoria esos momentos de esplendor de la pelota cubana cuando convertido en frenético fanático seguía con pasión la carrera deportiva de este jugador.

Mi padre, Rogelio Vega Fontal, mi coautor en el libro *Enrique Díaz, El hombre récord de la pelota cubana*, quien por algún tiempo fue colaborador estadístico de Felo Ramírez y Cuco Conde, al finalizar la década del cincuenta, me habla mucho del béisbol antes del 1959 y en particular de Willie Miranda, aquel jugador que hizo parar miles de veces al público del Estadio del Cerro.

En el libro *Pasiones y leyendas de la pelota cubana*, que de manera amena e instructiva nos sumerge en la historia y particularidades de este deporte en la isla, me llamó la atención que el profesor universitario y escritor Juan A. Martínez Osaba, al final del volumen en el Todos estrellas que realiza, cuando menciona la figura que ocuparía la posición del campo corto apunta: «En franca pelea interna con los torpederos, me decidí por Willie Miranda, aquel que paró miles de veces al estadio del Cerro. Es cierto que fue débil al bate, pero los *hits* que evitó lo justifican, no he visto sacar *outs* cerca del lanzador con tanta facilidad».

Yo no pude ver ese béisbol aunque si he leído, escuchado y visto muchas anécdotas y documentales de esa época. Sí fui testigo de las habilidades de Germán tanto a la ofensiva como en la defensa, ¡cuántas veces sus batazos fueron claves para decidir juegos!, lo que para mí lo convierte en el mejor torpedero de todos los tiempos.

Hoy que los estadios ya no se llenan como antes y que el futbol ha pasado a ser el preferido de los amantes del deporte, con este testimonio se pretende revitalizar el gusto y disfrute por nuestro deporte nacional.

El Mago alcanzó su consagración deportiva en Industriales, estaba dotado de grandes reflejos y un sentido de colocación en el terreno que muy pronto lo hizo sobresalir, obedeció y fue pionero en utilizar la sabemetría, su vista periférica le facilitó el trabajo a la hora de fildear y también para robar bases, formó parte de los llamados «corre caminos» en el equipo azul, era muy difícil que cuando ellos estuvieran en turno al bate no se produjeran carreras. Formó junto a Juan Padilla la mejor combinación de *short* y segunda de la pelota cubana. El estruendo de las gradas convertía a los espectadores en protagonistas de esta época en la que los jonroneros escaseaban.

En la arena internacional junto a Antonio Pacheco, logró realizar hazañas que todavía el público recuerda. Después de su forzado retiro, que aconteció junto al de otras figuras estelares que mucho aún tenían que aportar, decisión de la cual el béisbol cubano no ha podido recuperarse, dirigió equipos en otros países con buenos resultados y en Cuba agarró las riendas de Industriales, logrando ganar un campeonato a pesar del éxodo de jugadores importantes de este equipo, se demostró otra vez porque lo apodaron El Mago.

En este libro se habla de todas esas cualidades y de mucho más, el periodista Joao Fariñas —por cierto me hace recordar a ese otro gran *short stops* de la pelota cubana, Leo Fariñas— quien ya había publicado otros títulos donde incursiona sobre todo en la música, convertido ahora en director de orquesta sabe que el instrumento que debe sobresalir es la voz de Germán Mesa, a la que acompañan otras voces de estelares peloteros y figuras de la pelota cubana y una vez más participamos como público de un gran espectáculo, que tiene su *obertura* con la infancia de este hombre y luego va *in crescendo* donde están presentes sus aspiraciones y sueños pero también sus momentos tristes, escuchamos una sinfonía, una rumba, una conga, una guaracha, un bolero, un son y porqué no hasta un reggaetón, género que tanto gusta a los peloteros de hoy en día, jamás un réquiem porque El mago del campo corto pertenece desde ya a los inmortales junto a Martín Dihigo, José de la Caridad Méndez y tantos otros y desde ya, aunque no lo hayan incluido, pertenece al hall de la fama de la pelota cubana.

Gustavo Vega Izquierdo

PALABRAS AL LECTOR

Pocas personas viven el placer de tener sentado en la sala de su casa al ídolo de toda la vida. La no realizada aspiración de capturar *rollings* y consumar *doble plays* con Industriales o el equipo Cuba desapareció cuando supe que podría escribir la biografía de este mago que realizó sus ilusiones sobre un terreno de beisbol.

Germán Mesa es sin dudas uno de los peloteros más espectaculares que pisaron un diamante beisbolero en cualquier época. Por tanto, el que me confíe sus vivencias, experiencias, anécdotas, ideas, reflexiones, sentimientos y contradicciones, es un inmenso privilegio.

Nos atrapa y nos suelta para primera base, con este acercamiento a su persona. Relata su vida con una fluidez y sinceridad comparables a todas esas joyas defensivas que hizo recurrentes en los estadios del mundo entero. Rápidamente percibimos sus cualidades personales: ser íntegro es su primicia, buen hijo, buen padre, buen esposo, buen amigo…

Su manera de hablar, su cultura general integral, la facilidad con que describe los procesos psíquicos y físicos por los que pasan los deportistas asombran hasta a los más entendidos en la materia, pero eso sí con un lenguaje que hasta el menos estudioso de sus fanáticos entendería.

Posee una memoria fotográfica para narrar hechos ocurridos hace más de treinta años, miles de veces les conectó fuertes batazos a buenos lanzadores por recordar con qué lanzamientos lo habían dominado en ocasiones anteriores bien distantes en el tiempo.

Mesa se enfrascó en la realización de este libro sin dejarse vencer por su falta de tiempo y exceso de trabajo de la misma manera que los mal *bounces* en terrenos deficientes nunca lo vencieron. Me dejó ser esta vez (con permiso de otro estelarísimo) su Juan Padilla literario.

Espero que los amantes del béisbol y en especial los admiradores de Germán (y por qué no, los detractores también) disfruten la lectura de esta obra como yo disfruté escribirla. El conocer la vida del, a mi entender, nuestro mejor *short stop* de todos los tiempos es un regalo muy valioso en general por la sabiduría y espíritu deportivo que aporta este libro.

Germán comenzó a curtirse desde niño en los placeres del poblado de Cuatro Caminos. Por sus venas corre sangre beisbolera pues su Padre, Crescencio, se destacó como receptor en los campeonatos de la Unión Atlética con las franelas del equipo Deportivo San José.

Su maestría defendiendo el campo corto alcanzó ribetes sensacionales, gracias a su colocación en el terreno, velocidad en los desplazamientos hacia ambos lados y certeros disparos hacia las bases. Acechaba la pelota como un felino a su presa. Luego saltaba sobre ella y la soltaba con la velocidad de un relámpago. Germán fue un jugador muy dinámico, agresivo e innovador. Su llegada a los diversos escenarios de las series nacionales dio continuidad a una larga tradición de buenos torpederos cubanos en algo más de un siglo. Su calidad en el plano nacional siempre resultó incuestionable. Destreza y picardía son atributos que identificaron a Germán Mesa sobre diamantes nacionales y extranjeros.

16

Joao Pablo Fariñas

UNA HISTORIA NECESARIA

El béisbol en Cuba tiene una larga historia. Los especialistas aseguran que el primer juego oficial se llevó a cabo en el Palmar de Junco en 1874. Este deporte llegó a la isla en un momento histórico puntual, en el período de formación de la nacionalidad. El hecho de que esta disciplina comenzara a practicarse justo cuando se inició la gesta independentista de 1868, resultó fundamental en el proceso de apropiación y manifestación como expresión de identidad. Estados Unidos de Norteamérica dominó la política cubana desde su independencia de España en 1898 hasta finales de la década del cincuenta del siglo veinte. Durante ese periodo ambos países desarrollaron lazos económicos políticos y culturales.

La pelota constituye el escenario de luchas alegóricas contra los deportes importados de España, como las corridas de toros durante la colonia, y el tenis, el baloncesto y el fútbol introducidos en Cuba por Estados Unidos durante la República. Los cubanos adoptaron el béisbol como suyo y ya a inicios del siglo XX las victorias conseguidas frente a equipos norteamericanos que visitaron la isla repercutieron posit ivamente. Los aficionados vieron en los triunfos una manera de demostrar su descontento con la situación imperante.

Antes de 1959, nuestro béisbol profesional estuvo muy unido al norteamericano. Diversos equipos de Grandes Ligas realizaron partidos de exhibición o sus entrenamientos de primavera en nuestro territorio. Los mejores peloteros cubanos participaron de los torneos norteños y varios de sus jugadores estuvieron en la Liga Cubana de invierno. Incluso el equipo de los Havana Cubans se unió a la Liga Internacional de la Florida en 1946, así como los Cuban Sugar Kings surgieron en 1954. De la época resaltaron muchísimas estrellas, Rafael Almeida, Armando Marsans, Adolfo Luque, Martin Dihigo, Conrado Marrero y Orestes Miñoso, entre otros, quienes emocionaron a los fanáticos de todo el país.

El deporte en Cuba cambió totalmente después de 1959 pues se rompieron las relaciones entre las Mayores y el béisbol cubano. Acto seguido nuestro equipo dominó la escena internacional por más de cinco décadas. Manuel Alarcón, Luis Giraldo Casanova, Braudilio Vinent, Pedro Chávez, Urbano González, Armando Capiró, Antonio Muñoz, Agustín Marquetti, incontables figuras, vinieron a engrosar la lista de ídolos en nuestro deporte. Así como Willy Miranda, Pedro Jova, Agustín Arias, Antonio González y Rodolfo Puente son los referentes en la posición que defendió nuestro protagonista en el campo de juego.

En dieciséis Series Nacionales, Germán Mesa promedió 285 de average ofensivo (1241 *hits* en 4352 veces al bate); pero quizá lo más llamativo en sus números individuales fueron los 112 jonrones que conectó, porque no fue precisamente un pelotero de poder. Entre sus extra bases, además de los mencionados cuadrangulares, El «Imán» Mesa, como también se le conoció, consiguió 196 dobles y 33 triples. Los lanzadores rivales lo poncharon 561 veces, le regalaron 689 bases por bolas y llegó a estafar 335 almohadillas a los receptores contrincantes. En el aspecto defensivo, promedió para 963 (250 errores en 6817 lances) y facturó 807 doble plays.

Germán Mesa es considerado, por muchos expertos, el mejor torpedero que ha pasado por el béisbol cubano. Aunque otros también hicieron historia, ninguno —se dice— fue tan espectacular como él.

También se destacó internacionalmente, pues Mesa actuó en tres Campeonatos Mundiales, dos Juegos Olímpicos, tres Copas Intercontinentales, dos Juegos Centroamericanos y tres Juegos Deportivos Panamericanos. Su average en eventos internacionales fue de 346, al pegar 106 imparables en 306 turnos al bate.

El escritor norteamericano especializado en béisbol internacional, Peter Bjarkman para la realización de su libro *A History of Cuban Baseball, 1864-2006*, preguntó al centenario Conrado Marrero, exjugador de grandes ligas e indiscutible conocedor, sobre a quién consideraba el jugador más defensivo de la pelota criolla de todos los tiempos, este no titubeó en seleccionar al mágico Germán Mesa por encima del «buen campo, no *hit*», Willy Miranda.[1]

---

[1] Bjarkman, Peter C. *A History of Cuban Baseball*, 1864-2006. p. 75.

El propio Bjarkman en otro capítulo de su obra llamó a Germán Mesa: «El más grande entre los legendarios *short stops* cubanos quien fuera comparado frecuentemente en los años noventa con Ozzie Smith, Miembro del Salón de la Fama de Cooperstown».[2] Así como lo incluyó en una lista de peloteros cubanos que seguramente hubieran brillado en Grandes Ligas entre los que se encuentran: Norge Luis Vera, Pedro Luis Lazo, Michel Enríquez, Frederich Cepeda, Antonio Pacheco y Omar Linares.

En una entrevista realizada a Conrado Marrero por Enrique Capetillo para la revista *Bohemia*, El Guajiro de Laberinto declaró sobre la combinación que formaron Germán Mesa y Juan Padilla alrededor del segundo cojín:

> Hubieran asombrado a cualquier tipo de espectador. Recuerdo los guantes mágicos de Willy Miranda con Bob Young en el Almendares y también en la década de los cincuenta en Grandes Ligas en la cual los Yankees de New York agruparon a defensores de la talla de Phil Rizzuto, Gil Mcdougald, Billy Martin y Jerry Coleman. Otro tanto te pudiera decir de las magníficas combinaciones del béisbol amateur cubano, pero Germán y Padilla se las traen».[3]

En una ocasión el extraordinario manager Jorge Fuentes, declaró al colega Joel García:

> No he visto un torpedero en el mundo mejor que Germán. En la década del noventa un amigo me dice que lo más grande en el campo corto era Reinaldo Ordoñez. Le dije, eso es porque tú no has visto a Germán. ¿Pero por dónde las coge, por debajo de la tierra? Sí, por debajo de la tierra y mete *out* en primera base. Era un pulpo para soltar la bola.[4]

[2] Bjarkman, Peter C. *A History of Cuban Baseball*, 1864-2006, p. 266.

[3] Capetillo, Enrique. *Señor torpedero: El imán del diamante. Bohemia*, No. 24, 11de junio de 1993, p 32.

[4] García, Joel. Entrevista a Jorge Fuentes. «*No tengo alma de esclavo*». Publicado el 18 de mayo de 2014 en: http://www.trabajadores.cu/20140518/jorge-fuentes-tengo-alma-de-esclavo/.

Erie Reyes López, director del Salón del Deporte Cubano y gran conocedor del béisbol me comentó:

> Germán Mesa fue un pelotero dotado excepcionalmente con unas manos prodigiosas y una capacidad de leer el juego como un grande que fue. Estudioso como pocos de cada bateador contrario y cada lanzador oponente. Aun sin un gran físico explotaba al máximo sus potencialidades y supo hacer lo necesario en los entrenamientos para lograr una fuerza al bate como un *slugger*. Además de tener en el terreno un desplazamiento fenomenal y saber correr las bases como pocos. He podido conversar con él en varias ocasiones y sin duda alguna es una clase magistral de beisbol.[5]

Germán formó parte de una inolvidable combinación con Juan Padilla, quizás la mejor de todos los tiempos en Cuba. Aún se recuerdan aquellos roletazos por el mismo centro del terreno, a los que muy pocos solían llegarle, y cuando no era Germán, era Padilla. Uno se la pasaba al otro con el guante de revés y sacaban el *out* de calle. No por gusto El Mago fue incluido entre los 100 mejores Atletas del siglo XX en Cuba, distinción que recibió el 2 de marzo de 2001.

Durante la realización de este libro, el estelar Juan Padilla, me comentó sobre Germán:

> Pienso que lo fundamental para una buena combinación es que exista una perfecta comunicación. Germán y yo conversábamos mucho en los entrenamientos sobre las posibles jugadas en los partidos y ya cuando comenzaban, en un momento salía el *rolling* o la jugada y yo sabía por dónde venía la bola o por donde iba a soltarla Germán. A veces en los entrenamientos las practicábamos y casi nunca se nos daban, yo pifeaba o pifeaba Germán, o el tiro era malo, o no nos colocábamos correctamente, pero al llegar el juego en varias ocasiones venía la jugada

---

[5] A menos que se indique otra fuente, estas declaraciones y las de otras personas entrevistadas, fueron obtenidas por el autor, como parte de la investigación para la realización de este libro.

y sí la hacíamos bien. Todo perfecto. Llegamos a tener un conocimiento mutuo inmenso, que ya sabíamos lo que el otro iba a hacer con segundos de antelación.

Enriquito Díaz, legendario segunda base del béisbol capitalino también me habló sobre Germán:

Fui el primero que hizo combinación con él, cuando estuvimos en Metropolitanos, viniendo yo de los juveniles. Después jugué un año con él en los Industriales de Anglada. Su calidad como torpedero fue inmensa, nunca jugué con otro como él. Germán es algo especial, con cualquiera hacía buena combinación. Fue espectacular, verlo jugar fue lo más grande para mí. Formó algo único con Padilla, lo nunca visto y pasarán siglos para que se repita. Para mí eran extraterrestres. Ellos marcaron la diferencia en nuestro béisbol. Aunque te repito, Germán empezó conmigo, ese placer lo voy a tener siempre. No me gustan las comparaciones, pero fue único en Cuba. El Mago me dio buenos consejos, entre ellos que me preparara antes del juego, antes de cada situación en el terreno. Sicológicamente, quiero decir, él lo hacía y por tanto me lo trasmitía. Él hacía un juego mental antes de empezar. Siempre sabía para dónde bateaba tal jugador, si era buen robador, que lanzamientos le hacían daño. Me explicó la importancia de la colocación del fildeador, que los errores vienen si no te colocas bien. A través de sus enseñanzas el jugar béisbol se me hizo más fácil. Gracias a esto también pude aconsejar a mis compañeros. Lo considero un tremendo bateador, muy oportuno y que no fue un *out* por regla, lo que pasa es que resaltó por su defensa y por tanto su bateo no se notó mucho, pero decidió varios juegos buenos y no solo en Cuba, en torneos internacionales también.

La calidad de Germán Mesa es incuestionable y quienes gustan de las comparaciones muchas veces lo pusieron al lado de verdaderos consagrados. Incluso, fuera de Cuba, numerosos periodistas extranjeros lo valoraron como una copia del estadounidense Ozzie Smith, jugador de las Grandes Ligas, miembro del Salón de La Fama, en Cooperstown, Nueva York. El apelativo de Mago llegó a identificarlos a ambos en distintas publicaciones y el propio Smith, cuando vio desempeñarse al cubano aceptó gustoso la comparación.

Rodolfo García, experimentado narrador deportivo de la televisión cubana también me regaló sus impresiones:

Como pelotero fue excepcional, cada quien tiene su opinión, ¿la mía?, no he visto nadie que se le compare. Germán poseía armas que no se evalúan en números: su elegancia, la anticipación a las jugadas, su brazo, la exactitud, elementos que lo distinguían y separaban del resto.

Su más conocido fildeo, hacia la derecha, guante de revés y tiro a primera sin mirar —con recorrido incluido hacia el banco a paso doble— es un verdadero clásico de la pelota cubana. Su dorsal número 11 es replicado hoy por innumerables *short stops* en la isla. Buen bateador era, sin dudas, pero me gusta hablar de él en el campo, en ese pedazo de media luna donde era dueño y señor.

Como manager lo conozco menos, mucho menos y reconozco que siempre he creído que da para más, para ser un ganador consistente, pues une a su experiencia la inteligencia y el carácter. Quizás le falte un poco de paciencia, pero eso lo dan los años.

En lo personal he podido conversar bastante con él, conocerlo, recuerdo haber ido a su casa en Víbora Park y al estadio de Guanabacoa a verlo reaparecer luego de aquella insólita suspensión.

Guardo una anécdota curiosa sobre Germán Mesa. Frente a la emisora COCO vivía el profesor Juan Ealo, uno de los sabios de nuestra pelota de antaño. A veces conversaba con él en la sala de su casa. En una ocasión me enseñó la grabación de un juego transmitido por la televisión donde jugaba Germán. Me hizo notar, lidiando con el trabajo que daban echar hacia atrás y hacia delante los videocasetes de aquellos antiguos VHS, como Germán se movía en busca del batazo antes de que el bateador terminará el contacto. Lo intuía, lo anticipaba y me lo comparó con Willy Miranda. Créeme que viniendo de él significaba el mayor de los halagos.

Germán fue una sobrehumana máquina de insólitos desplazamientos en el diamante beisbolero, tan vertiginosos que incluso en más de una ocasión le jugaron una mala pasada al ojo electrónico de la cámara lenta. Durante su carrera dio sobradas muestras de la rapidez de sus manos y de su capacidad para hacerse de lances que parecían imposibles de atrapar. Fue un bateador oportuno, de esos que como decimos en buen cubano, la dan a la hora buena. Su movilidad en el terreno era impresionante, con frecuencia convertía un *bounce* incómodo en una jugada espectacular. Los que lo vimos jugar, sabemos que muchas conexiones que habitualmente pasan a los jardines, terminaban en su guante. Germán Mesa convirtió lo maravilloso en cotidiano.

Sobre Germán, Rey Vicente Anglada, leyenda de la pelota cubana, expresó en una ocasión: «Me hubiera gustado que coincidiéramos en el terreno. Juntos hubiéramos hecho grandes cosas».[6] El deseo se le cumplió a Rey pues años después del retiro de Mesa, ambos hicieron combinación alrededor de la segunda almohadilla en varios encuentros de veteranos.

Las jugadas de Germán Mesa estarán grabadas eternamente como una de las grandes maravillas en la historia del béisbol cubano. Arrancó miles de gritos de aficionados dentro y fuera de Cuba. Cuando jugaba los bateadores se preocupaban por no conectar entre 2da y 3ra base... pues ahí estaba el grande.

La llegada de Germán a los diversos escenarios de las Series Nacionales dio continuidad a una larga tradición de buenos torpederos cubanos en algo más de un siglo. Su calidad en el plano deportivo resultó incuestionable y quienes gustan de las comparaciones muchas veces lo pusieron al lado de verdaderos consagrados. Esa explosividad inherente a su desplazamiento, su forma de atrapar pelotas inalcanzables, sus saltos de felino en *bounces* elevados para

---

[6] Consultado en: *Revistaelestornudo.com*, 1 de agosto de 2018.

adueñarse de la pelota en el aire y desde el vacio dispararla a la inicial, constituyen cualidades únicas de un virtuoso de la posición.

Enrique Núñez Rodríguez, periodista, escritor, autor clásico entre costumbristas y humoristas cubanos, escribió:

> Un desafío de béisbol no es una guerra. Es un evento deportivo… En un país donde hemos admitido la autocrítica como justificación de costosos errores, ¿por qué ensañarse con Germán Mesa o con Omar Linares el día que cometen una pifia?...
>
> Otra cosa: si el equipo de nuestras simpatías está ganando en el estadio local todo es gritos y aplausos; si está perdiendo, se produce un silencio sepulcral. Y es, precisamente, cuando más apoyo necesita.[7]

Así que adentrémonos en este espectáculo, en este desafío de nueve *innings* en el que todos somos vencedores: *Germán Mesa, el mago del campo corto.*

24

---

[7] Núñez Rodríguez, Enrique. «Pelota y Salsa» (25 de febrero de 1996). En: *El vecino de los bajos, p. 179.*

ESTRELLA DE DÍA

Nací el 12 de mayo de 1967, en el poblado de Cuatro Caminos, Cotorro, en una casa de madera y ladrillo con techo de tejas ubicada en la avenida 99 número 10004 entre 100 y 102. Mi madre Francisca Fresneda Fresneda, era la que mantenía el orden en el hogar, mi padre Crescencio Mesa Cárdenas fue pelotero en su juventud y jugó en los campeonatos de la Unión Atlética con el equipo del Deportivo de San José de las Lajas, incentivó en mí el amor por el beisbol.

Fui el menor de siete hermanos, de los cuales, Modesto y Carlos, se desempeñaron como cátchers, siguiendo el ejemplo de nuestro padre y Tony fue lanzador. Crescencio trabajaba duro en una fundición para mantenernos. Nuestros ingresos eran limitados pero vivíamos con decencia y sin muchas necesidades. Cuando llovía teníamos que fajarnos con las goteras, vengo de abajo, de la clase trabajadora, de niño los únicos zapatos que tenía eran para ir a la escuela.

Siempre admiré a mi padre por lo luchador que era, cuando estaba más grande quise saber dónde trabajaba, pero entrar a la fundición fue algo impresionante, los hierros hirviendo, las calderas virando aquello. ¡Tremendo!, era una locura estar allí, un calor infernal, ese era su trabajo. Recuerdo que una vez explotó una caldera y a mi papá se le llenó la piel de los hierritos esos, los cuales nosotros tuvimos que sacarle a sangre fría en la casa. Esas cosas no se olvidan, esa manera tan dura en la que mi papá tenía que trabajar para podernos mantener. Quizás de ahí venga mi respeto por la responsabilidad, la constancia y el honor del mérito logrado con sacrificio. Con mi mamá conversaba más, hablábamos sobre las cosas de la vida, ella era la que llevaba la casa adelante con siete muchachos, casi un equipo de pelota.

Yo era el más pequeño, pero me gustaba andar con los grandes, con mis hermanos, mis primos y los socios del barrio, pero para juntarme con ellos, tenía que destacarme en todo. Bañarme en el río, jugar pelota, pescar, mataperrear más que nadie. Ese traqueteo de los muchachos que es normal. Cogí bastantes golpes, cerquita de la casa había dos lagunas, la de Pedro y la de Ñiquin, allí nos bañábamos escapados de mi mamá, cuando regresábamos ella tenía un truco para descubrirnos, nos pasaba la uña del dedo chiquito por la piel y si nos quedábamos cenizos era que nos habíamos bañado y ahí venía la tunda de palos que nos daba, pero nos educó bien y nos regaló su amor y comprensión en todo momento.

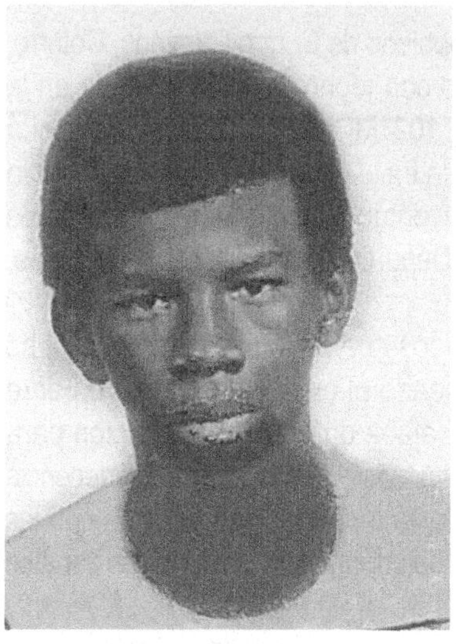

Germán Mesa, de niño

26

Estudié de primer a quinto grado en la escuela primaria Luis Brito y el sexto lo hice en la Efraín Mayor del Cotorro. La Secundaria la pasé en el mismo Cuatro Caminos.

Jugaba mucha pelota, recuerdo que había un terreno de pelota que era una vaquería, allí tenían sembrado millo[8], no teníamos donde jugar así que por las noches nos metíamos ahí y empezamos a marcar el terreno, hasta que logramos hacerlo, hoy en día ese lugar es una base de ómnibus, una lástima, los dueños en esa época nos dejaban jugar allí, era pura diversión. Las bases las confeccionaban nuestras madres con sacos llenos de pangola, que es la hierba que sale en el potrero que se les da de alimento a las vacas. El terreno de pelota de Cuatro Caminos, ahora llamado Regino O'Farril, me quedaba muy lejos, como a un kilómetro; ahora que te hablo de Regino, ese fue mi primer entrenador cuando tenía siete años de edad. Hombre muy preocupado, activista, trabajador, siempre

---

[8] *Millo: Nombre dado a diversas especies de hierbas que producen un grano pequeño utilizado como forraje o en la alimentación humana.*

estaba arriba de nosotros en el entrenamiento. Muchas veces me iba a buscar a mi casa para ir a las competencias. Hoy entiendo el esfuerzo que hizo para formarnos como hombres de bien. Regino no solo me dio mi gran oportunidad, sino que me convenció que mi padre estaba en lo cierto y que el béisbol era mi futuro.

Me pasaba el día jugando pelota, allí en esos pitenes de barrio estaban: mi hermano Carlos, que falleció, mi primo Alberto Fresneda que jugó en Series Nacionales, Carlos Acuña, Pichichi, Eduardo Rodríguez y Javier Sigler que fueron pitchers de los Metropolitanos, Dámaso Ordoñez lanzador de los Constructores y Juan Carlos Pérez que estuvo en varios equipos. Ellos eran mayores y como yo era bajito a veces no querían que participara. Jugábamos al suave y me ponían a pichear, mi papa protestó porque pensaba que me iban a dar un mal golpe.

Después me pasaron a los files y me fui abriendo espacio. No tenía miedo, para jugar con los grandes tenía que ser mejor que ellos. Tuve que esforzarme el doble, pero viví una infancia feliz.

No te creas, lo primero que me gustó no fue la pelota, sino las artes marciales, el karate, el kung fu, pero qué pasaba… mi papá era fanático a la pelota, y como había sido buen cátcher, quería que sus hijos salieran peloteros, imagínate con el cuerpo este, ¿qué cátcher iba a ser yo?, era súper chiquitico, y no pude ser cátcher, me gustaba, aunque picheaba también, en mi infancia jugué todas las posiciones, donde hiciera falta en el piquete. Pero había un problema, cada vez que asistía a alguna prueba para algún equipo, no me dejaban ni vestirme de pelotero, me medían con una cinta métrica y decían: No, no, no estás muy chiquito y yo viraba llorando para mi casa. Le decía a mi mamá que no iba a jugar más pelota, que mi papá quería que yo fuera pelotero, pero los entrenadores me decían que yo no servía. Esas fueron mis primeras decepciones en la pelota por lo que busqué ejercitarme en otros deportes. Estuve en judo, llegué a la cinta verde o naranja, no recuerdo, practiqué tenis de mesa, ciclismo y gimnástica. El profesor me decía que era bueno, aprendía rápido, hoy por hoy hasta me atrevo a hacerte un ejercicio en las barras paralelas. Pero de todos lados mi padre me sacaba cuando se enteraba y me llevaba para el terreno de pelota. Así que no tuve más remedio que seguir en el béisbol para cumplir con él. Mi casa tenía patio y yo llegaba con una pelotica de goma y me pasaba horas tirándola contra una pared y cogiendo los rebotes de *rolling*.

Así las cosas, mi progenitor resolvió que me hicieran una prueba para ingresar en la Escuela de Iniciación Deportiva (EIDE) Mártires de Barbados. Me examinaron en el *short stop*, aunque yo ya había jugado todas las posiciones, hasta pichear. Yo venía con los conocimientos básicos que Regino me había enseñado, me hicieron dos pruebas, recuerdo que era un miércoles y el profesor me dijo: «Aprobaste, pero regresa la semana que viene, pues hay jugadores que tienen un día bueno y quién sabe si este era el tuyo». Regresé a la semana siguiente y me destaqué aun más, estaba afilado. Entré en la EIDE el 11 de febrero de 1981.

Sobre esta situación Enriquito Díaz nos contó:

> Estaba en la EIDE cuando llegó un muchachito flaco y chiquitico, recuerdo que el entrenador Augusto Fonseca hizo el comentario que un muchacho venía a hacer las pruebas, yo le serví de parabán como se dice en el beisbol, y en el último *rolling* que le iban a dar, Fonseca dijo que si lo cogía se quedaba en la EIDE, tremendo roletazo entre 3ra y *short* y Germán metió colosal fildeo, una jugada espectacular y así entró en la EIDE.

Allí me pasó algo curioso, pues era muy buen estudiante en la secundaria, pero algo inquieto y desobediente. Había una profesora a la que no le caía bien y me quería suspender en su asignatura, Electra se llama, aún vive, ella trabajaba en mi secundaria, pero en el segundo semestre se trasladó a la EIDE y qué sorpresa la mía cuando en la misma semana de mi entrada nos reunieron en el terreno para presentarnos a la madrina del equipo de pelota y ¿quien resultó ser?, pues Electra. Cuando vi a esa mujer allí me dije ahora sí que me voy del parque, no sabía ni dónde meterme.

Desde muy joven Juan Carlos Pérez jugó béisbol con Mesa. Lanzador efectivo que integró el conjunto Metropolitanos. Radicado en los Estados Unidos admira al «Mago del campo corto»:

> Germán fue un niño con habilidades asombrosas para la pelota. Sus jugadas eran espectaculares desde que estaba en la categoría 13-14. Regino O´Farrill lo ponía como ejemplo para los atletas de Primera Categoría.

Le daba *rollings* dificilísimos y decía que era así como se fildeaba. Nació con ese don. Yo estaba en la EIDE y le dije a Augusto Fonseca que en el Cotorro había un negrito chiquitico que fildeaba más que todo el mundo. No le había dado diez roletazos y ya Germán estaba matriculado en la escuela.

Mi entrenador en la EIDE marcó profundamente mi carrera deportiva posterior. Augusto Fonseca es tremendo educador y sabe mucho de pelota. Confió en mí, puso a Electra en su lugar y no lo hice quedar mal. Después de todo el tiempo trascurrido le agradezco el voto de confianza que depositó en mí. Un día Fonseca me dijo algo sabio que no entendí en aquel momento: «Lo difícil es portarse bien, hacer lo malo es fácil». Pensé que estaba loco, cómo me va a decir que portarse mal es fácil. Con los años lo comprendí, lo difícil es llegar temprano, respetar, ser responsable, estudioso y comprometido con lo que uno hace. Le agradezco a Fonseca todas sus enseñanzas, que me sirvieron no solo en el béisbol sino para la vida. Mantengo muy buena relación con él y de vez en cuando lo llamó para pedirle consejo.

Augusto Fonseca es un excelente profesor, jefe de cátedra por nueve años que dirigió equipos infantiles a los Juegos Nacionales Escolares desde 1977 a 1985. Ganador de cinco títulos nacionales, 1978, 79, 80, 82 y 84. Seleccionado el entrenador más destacado de Cuba en la categoría en 1982 y 1984. Muchísimos peloteros sobresalientes en series nacionales fueron sus alumnos, entre ellos Germán Mesa:

> Teníamos un equipo de jugadores altos y él era un poco pequeño, pero me gustó su desempeño en el campo. Trabajaba muy bien a la defensa. Le hice la prueba y le dije que regresara a la semana siguiente para volverlo a ver. No lo dejé ni batear. Me fui a ver al director de la escuela y cuando le dije que tenía un muchacho con un talento tremendo me dijo que la matrícula estaba llena. Le insistí muchísimo y aceptó. Lo desarrollé poco a poco, paso a paso, sin quemar etapas.
> Para ganar no forzaba a mis jugadores. Teníamos muy

buena preparación. Todos los fines de semana jugábamos contra diversos equipos. Realizábamos topes durante todo el año y de esa manera lográbamos un alto nivel de rendimiento como equipo.

Germán en esa época hizo una magnifica combinación con Eduardo Cárdenas y Enriquito Díaz. Era un bateador consistente, chocador de bola, se ponchaba poco.

Les incentivé el respeto y la disciplina. Una vez jugábamos en Guanabacoa en una provincial juvenil y Germán llegó tarde por la demora de las guaguas por lo tanto abrió jugando Ramón Carreras que era su sustituto. Estaban las bases llenas en el 7mo *inning* y mandé a Carreras a esperar un *strike*, pero no me hizo caso y le tiró a un lanzamiento altísimo. Así que traje a Germán de emergente y dio jonrón. A partir de ese momento el equipo cambió su actitud e hilvanamos una seguidilla de juegos ganados. Siempre pensé que él podía llegar a series nacionales, su don era la defensa y lo aprovechó.

30

Germán Mesa en el equipo de la EIDE

Germán sonríe, se muestra feliz de rememorar su niñez.

En la EIDE me gustaban todas las posiciones, jugaba segunda, tercera, picheaba y quería ser el mejor, catcheaba sin peto, con careta nada más. Lo último que hice fue desempeñarme el campo corto. Anteriormente con Regino la jugué poco porque con nosotros estaba un primo mío que después participó en Series Nacionales, Alberto Fresneda, que era el que ocupaba esa posición. Por esa época me escapaba hacia el estadio Nelson Fernández para ver a mis ídolos, Rodolfo Puente y Giraldo González.

Alberto Fresneda se desempeñó como torpedero de equipos capitalinos por varios años. Estima y admira a su primo. Con cariño nos contó sus experiencias:

> Era el más chiquito e inquieto del grupo. Jugábamos en un monte y aunque el terreno estaba en malas condiciones él cogía todas las pelotas. Era muy alegre, con una chispa tremenda, respetuoso y nunca fue malcriado. Me dio muchísimos consejos cuando llegué a Series Nacionales y entrenábamos juntos en el terreno de Cuatro Caminos.

En mis comienzos tenía poco brazo, aunque en la EIDE me gustaba mucho jugar el *centerfield*, pero comencé en segunda base por el lío del brazo, aunque Fonseca insistía conmigo en el *short*. Allá conocí a Eduardo Cárdenas, uno de mis mejores amigos, que era el torpedero regular y con el que hice una de mis primeras combinaciones de doble play. También estaba Pablo Miguel Abreu, el hierro, mi hermano. Teníamos un equipito bueno. Cuando el brazo me creció un poco me cambiaron para el *short*. Fonseca siempre me decía: «*¿Tú has visto alguna estrella de día?*». Esa era su frase conmigo y como muchacho al fin me ponía a buscar en el cielo. Una vez vi dos estrellas a plena luz del día. Cuando entré de pase fui corriendo a donde estaba Fonseca: «*Profe, vi dos estrellas de día!*». Fonseca me miró con cara de pocos amigos: «*Muchacho qué bruto tú eres, la estrella eres tú*». En ese momento me di cuenta que estaba haciendo las cosas bien. Me esforcé aún más en el entrenamiento, trabajé duro para lograr mi objetivo, ser el mejor.

Él me ayudó mucho, me apoyó con mis padres y nunca me dejó solo, pues en la EIDE había otro entrenador que me machacaba desde las categorías inferiores, que me decía que yo no iba a ser pelotero por mi estatura, que yo no servía. Ese hombre cada vez que me veía acababa conmigo. Yo le daba las quejas a Fonseca y él me decía que no le hiciera caso que demostrara en el terreno que yo era el mejor. Ese mismo entrenador que me maltrató fue manager mío en Industriales un año, para que veas las vueltas que da la vida.

Tony González González coincidió con Germán cuando se desempeñó como entrenador de categorías inferiores. Años después lo dirigió en Industriales. Desde Ecuador nos comentó:

> Era pequeño de estatura para la categoría 15-16 años pero tenía muchas habilidades. En los juveniles mejoró considerablemente. Cuando dirigí Industriales en 1989 ya Germán era el mejor *short stop* de Cuba. Tuvo un desempeño notable, superando las expectativas a la defensa. Era muy bueno en las jugadas de corrido y bateo donde hizo un gran 1-2 con Tony González Vidal, el jardinero ya fallecido. Magnifico en las jugadas tácticas ofensivas. Fue un jugador aglutinador, muy considerado y admirado por sus compañeros.

Nuestro equipo en la EIDE era muy bueno, peleábamos los juegos. Ganamos las Inter-EIDE que se celebraron en Pinar del Rio, teníamos un tren en ese equipo, Enriquito Díaz, Carlos Emilio Rodríguez, Agustín Ávila, el que fue entrenador de los Metros, Ricardo Jiménez, Luis Puente, una constelación de estrellas. Eduardo Cárdenas y yo formábamos los líos y después mandábamos a Pablo Miguel a que se fajara, pues siempre fue un tipo grandón, noble pero guapo. Eran tiempos bonitos, nosotros tres éramos inseparables. A Enriquito le hacíamos muchísimas bromas, el debe acordarse de unas cuantas.

Eduardo Cárdenas fue uno de los más talentosos *infielders* de la capital que emigró hacia Matanzas buscando oportunidad de juego constante. Doble campeón con Henequeneros. Amigo de la infancia de Germán comentó:

Desde que llegó fue un fuera de serie. Despuntaba con unas habilidades increíbles. No era un gran bateador pero sabía tocar la bola para embazarse, corría bien y robaba bases. En los escolares ya se notaba que podía llegar a Series Nacionales. Siempre tuvo manos prodigiosas, el terreno de la EIDE estaba malísimo y él no pifiaba. Cuando lo incluyeron en Metropolitanos fue un novato que se destacó por encima de los demás. De los *short stops* que jugaron conmigo fue el que más me impresionó. Recuerdo una anécdota. Yo con dieciséis años debuté en los Metros y un día en la ESPA saqué el traje, él lo vio y me dijo que pronto tendría uno igual y así mismo fue.

Germán hace una pausa, revisa mentalmente sus recuerdos mientras saborea un sorbo de café humeante que le he servido para motivar su conversación:

Fonseca logró cohesionar al equipo y raramente perdíamos. Integré el equipo Ciudad Habana de la Categoría 15-16, donde me desempeñé como camarero porque entonces mi fuerza en el brazo no era la óptima. Estaba muy delgado. Físicamente tenía que desarrollarme mucho más. En aquel equipo Ricardo Jiménez era el torpedero y Eduardo Cárdenas defendía la antesala. El tiempo, mis facultades y la confianza que me depositaron redondearon mi ascenso definitivo.

Esta fue mi primera etapa como pelotero, en la que pasé bastante trabajo. En las categorías infantiles me incluían en preselecciones y tenía que ir a la Ciudad Deportiva a entrenar, en ocasiones podían llevarme mi mamá o mi hermana, pero a veces no, no había dinero, así que tenía que ir y virar con solo 40 centavos para el transporte. Imagínate, yo chiquito, el guajirito de Cuatro Caminos, solo en la Ciudad Deportiva, impresionado entre tanta gente que no sabía ni dónde pararme.

Mis comienzos fueron difíciles, pero logré salir adelante con la ayuda de mis padres. Ellos me decían que para ser buen pelotero tenía que estudiar y desarrollar mi inteligencia. Fonseca también me apoyó porque en esa época en la EIDE si suspendías alguna asignatura entonces no ibas a ninguna competencia.

Entrenaba mucho, hacía pesas en el patio de mi casa, mi papá me había hecho unos discos en la fundición. Tenía mi banquito, como era chiquitico tenía que ponerme fuerte. Comenzaba mi preparación a la 1 de la tarde, a la hora que nadie quería entrenar, mi cuñado Juan Miguel Orta, *el Picho*, siempre me acompañaba, él no sabía nada de pelota, pero me decía ponte ahí y comenzaba a fonguearme. A veces me picheaban mis sobrinos Reinier y Reinaldo, para practicar los toques de bola. Siempre me acompañaban, eran mi amuleto. Picho no sabía batear y yo lo ponía a que me tirara los *rollings*, a lo loco, como él quisiera y eso me fue preparando. Siempre estaba tirándome unas peloticas de goma azulitas que parecían muelles, como rebotaban las cogía a mano limpia, así era como yo entrenaba al principio, así me hice buen fildeador, aprendí a suavizar la mano, a amortiguar la bola, como decimos nosotros, lo duro con lo blando, si la pelota viene dura el guante tiene que estar blandito, si viene floja tienes que asegurar duro.

Además, fui gimnasta y eso me ayudo para coordinar los movimientos de brazo con pierna y tiro con carrera. Siempre estaba preparado para que batearan por mí. Le decía al pitcher mío tírale *slider*, tírale curva para que batee por mí. Cuando una buena jugada mataba un *inning* o impedía una carrera yo sentía una gran satisfacción con eso.

Germán Mesa en la EIDE

CUMPLIR EL SUEÑO DE JUGAR EN INDUSTRIALES

«Siempre quería que batearan por mí»

Germán Mesa

Seguidamente fui para la ESPA[9] Provincial Manuel Permuy junto con Pablo Miguel, Cárdenas, Roberto Colina, Carlos Emilio y Luis Puente, todos los que veníamos juntos desde antes y en 1984 me llamaron para la preselección del equipo Metropolitanos para la Serie Nacional de mayores. Recuerdo que uno de los *short stops* era Cándido Rivera, de Regla, a quien con el tiempo sustituí.

El propio Cándido Rivera, extorpedero de Metropolitanos radicado en Kentucky accedió amablemente a brindarnos sus impresiones:

> En el campeonato de 1984 abrí jugando regular y Germán entró en la segunda etapa. Desde que llegó se veía que tenía tremenda calidad. Pedro Chávez que era el manager enseguida se dio cuenta y le posibilitó jugar bastante. Alternamos mucho. El era uno de los que más ánimo daba en el equipo.

Germán hace una pausa, organiza sus ideas y prosigue.

En los entrenamientos bateé bien, me pusieron a los mejores *pitchers*, René Arocha, Leocadio Díaz, Rafael Gómez Mena, pero no tenía padrino así que me dejaron fuera. Me dijeron que tenía que quedarme entrenando en la academia, a lo que hice caso omiso y me fui para mi escuela. Ansiaba terminar mi 12 grado e ir a la universidad pues tenía buen índice académico. Me quité la pelota de la cabeza y me metí la psicología. Me llamaron varias veces y no fui. El comisionado Tony

<hr>

[9] ESPA: Escuela Superior de Perfeccionamiento Atlético.

Castillo fue a buscarme personalmente pues me querían subir. Fui a la Ciudad Deportiva, entrené un día, y me dijeron que esa misma noche tenía que estar en el estadio Latinoamericano. Llegué y me mandaron para el almacén a recoger mi uniforme. Cuando me lo enseñaron tenía el número 11, ese número no me gustaba, en las categorías inferiores yo usaba el 18, me agradaban los números pares, no me gustaban los dos palitos esos en la espalda. El 18 en los Metros era Mario García, así que no podía tenerlo. El almacenero del Latino, Francisco Valdés me dijo: *«Con este número tú te vas a hacer grande en la pelota»* y acepté con desagrado. En mi época no hubo ningún pelotero importante que usara el 11 y hoy lo llevan varios torpederos, Roberto Carlos Ramírez, Edisbel Arruebarruena, Dainier Gálves, Dunier Serrano y Dainer Moreira. Debuté en la 24ta Serie Nacional de Béisbol 1984-1985 con Pedro Chávez como director, en un juego nocturno contra Villa Clara, recuerdo picheaba el zurdo José Ribeira. En los Metropolitanos estaban Leonel Díaz, Juan Bravo, Lázaro Valle como jardinero, Eduardo Cárdenas, Juan Padilla, Javier Méndez, Roberto Colina, Luis García, José Modesto Darcourt, René Arocha, Pablo Miguel Abreu, Agustín Ávila, Arnaldo Fonseca, Jorge L. Valdés el derecho, Pablo Mayari, Mario García, Guillermo Carmona, Cándido Rivera, Carlos Kindelán, Orbe L. Rodríguez, Carlos M. Isaac y Francisco Despaigne. Tremenda banda. Esa temporada tuve una actuación muy discreta, solo 50 turnos oficiales al bate, pegando 8 sencillos, para un bajo promedio de 160. Ese año Omar Linares quedó de líder de bateo con 409 de average, Rolando Verde tuvo tremendo año, fue el tercero con 380 y Javier Méndez también despuntó siendo el sexto mejor bateador con 362. Vegueros quedó campeón y Metropolitanos solamente ganó 30 juegos.

Roberto Colina, estelar primera base de los equipos capitalinos que jugó profesional en las sucursales del equipo Rays de Tampa Bay, vía Facebook nos regaló sus impresiones:

Debutamos juntos en Metropolitanos. Desde esa época Germán tenía buen desplazamiento para ambos lados del terreno. Tenía todas las condiciones requeridas para ser un buen *short stop*. Jugador muy inteligente, conocía donde colocarse con cada bateador. Estuvo muchos años en el equipo Cuba. Ese *infield* que teníamos en Industriales, Germán, Padilla y Vargas era muy seguro.

Estoy convencido que hubiera podido jugar en las Grandes Ligas.

Sufrí mucho en mis primeras series nacionales, luché mi espacio duramente a base de un trabajo constante. Tuve que fortalecer mi brazo y convencer de que podía jugar regular. Agradezco la ayuda que me brindó el fallecido entrenador Manuel González, quien me decía, muchacho no te preocupes que tú vas a batear en esta pelota porque tú le das a la bola, tú no te ponchas. Al principio fallaba mucho, el primer *hit* se lo di a Mario Miguel Arce, del equipo Habana, el 8 de enero de 1985 en el estadio 26 de Julio de Artemisa. Fue un toque de bola en jugada de *squeze play*.
En 1985 logré colarme en el equipo Cuba que fue al Campeonato Mundial Juvenil de ese año celebrado del 3 al 11 de agosto en Albany, Nueva York, Estados Unidos. El conjunto cubano llevaba más de un cuarto de siglo ausente de torneo oficial alguno en ese país. El viaje se había fijado con cinco días de antelación, pero no fue hasta 24 horas antes que recibimos la autorización de viajar. Llegamos a las 5 de la mañana del día posterior a la inauguración. Tuvimos que reponernos de dos derrotas y vencer a nuestros verdugos. Éramos tremendo conjunto, Eduardo Cárdenas, Oscar Machado, Eddy Rojas, Vicente Ríos, Raúl Ajete, Virgilio Moroso, Luis Álvarez Martínez, Leonel Bueno, Víctor Bejerano, Heriberto Collazo, Pablo Miguel Abreu, Javier Romeu, Iván González, Bárbaro Rogelio Amores, Gerardo Ventura y Oel Brito. Juan Delis fue el director. Conrado Marrero me vio en los entrenamientos y ponderó mis habilidades. Eso me abrió muchas puertas.
Eduardo Cárdenas comenzó en el *short* y Eddy Rojas en segunda. En el primer juego, en la segunda vez al bate le quemaron el bate a Eddy, se le hizo una cabecita de vena en la mano, así que pasaron a Cárdenas para la segunda y entré en el *short*. Yo tenía unas ganas de jugar tremendas que ni sentía el tremendo frío que había. Fue contra Australia, y me dice Pablo Miguel Abreu, quien estaba picheando: «Hierro, los de La Habana, hemos dado tubey en la primera vez al bate, el único que falta eres tú, así que mira a ver que vas a hacer».
Yo era echadito para adelante: «Pues yo lo voy a dar también». En mi primer turno me dieron base por bolas, y en el segundo conecté doble entre *right* y *center*, cuando llego a segunda, veo a Pablo parado afuera del banco gritándome «¡Tú si eres el mío!». Conecté un *hit* más. Al día siguiente contra Canadá di tres. No pudieron sentarme más. Derrotamos

a los americanos que tenían tremendo equipo, pese a las continuas demoras para concedernos las visas, un sinnúmero de hostilidades, guaguas demoradas o en extremo pequeñas, el comedor cerrado a la terminación del juego y hasta la ausencia de agua fría en el banco, supimos crecernos y ganamos el campeonato. Mi debut internacional no pudo ser mejor pues en 27 veces al bate conecté 15 *hits*, para 518 de average.

La prensa cubana siguió la actuación del equipo cubano en el Mundial Juvenil de Albany , 1985

Pablo Gutiérrez, psicólogo del equipo nacional conoció a Germán cuando integró el equipo Cuba juvenil al Campeonato Mundial de Albany 1985. Muy profesional y certero en su especialidad, sus valoraciones son un valor agregado para nuestro libro:

> Desde los juveniles se le veía un gran futuro como jugador. Germán era de muy poco hablar y se le notaba tenso en mi presencia y ante los temas de conversación que intenté articular con él para crear un mejor clima entre los dos. Pero mediante un intercambio amistoso aquel joven fue ganando en confianza y aceptando mi participación en sus inquietudes por lo que pude ayudarlo en el orden psicológico. Nunca imaginé que aquel muchacho, aparentemente frágil, menudo y muy

selectivo en sus relaciones humanas, en poco tiempo sería el torpedero regular del equipo nacional y sin mucha discusión el mejor cubano de todos los tiempos en esa posición.

En la 25 Serie Nacional jugada entre 1985 y 1986 integré los Metros desde el comienzo con Raúl Reyes como manager. Fui primer bate. La serie la ganaron los Industriales con el famoso jonrón de Marquetti. Conmigo en los Metropolitanos estaban entre otros: Juan Bravo, Leonel Díaz, Roberto Colina, Eduardo Cárdenas, Carlos Kindelán, Jesús Madruga, Jorge Milián, Mario García, Antonio Sarduy, Alexis Díaz, el fallecido Orbe Luis Rodríguez, José Modesto Darcourt, Ramón Tablado, Jorge L. Valdés Rodríguez, Carlos M. Isaac, René Arocha, Lázaro Valle, Pedro L. González, Carlos Emilio Rodríguez, Ángel Parra, Eduardo Aguiar y Jorge Díaz.

René Arocha es uno de mis ídolos en el beisbol. Lanzador estelar de los equipos capitalinos y Cuba por muchísimos años. Emblemática y enigmática figura que se desempeñó varios años en Grandes Ligas destacándose con los Cardenales de San Luis. Amigo cercano de Germán aceptó gustoso a conversar conmigo:

Desde que lo vi coger el primer *rolling* supe que tenía calidad, habilidad y maestría para imponerse en la pelota. Como en efecto sucedió.

Desde el primer día tuvimos cierta química que se convirtió en gran amistad. Siempre nos dábamos consejos. A pesar de su juventud le daba muy buenas indicaciones a los *pitchers*. Siempre me decía que tirara pegado para que batearan por él.

Se impuso rápidamente en el equipo Cuba. Estuvimos juntos en los entrenamientos en Pasteje, aunque creo que ese no era el mejor lugar para prepararnos. Las condiciones de convivencia no eran buenas y era muy fuerte el programa de actividades. Pitcheaba provinciales, nacionales y selectivas y cuando llegaba allá me sentía cansado y como yo muchísimos peloteros que lo que necesitábamos era descanso.

Jugué con muy buenos *short stop*, Puente, Germán, Verde, Ordoñez y Ozzie Smith. Germán y Ozzie eran muy buenos fildeadores, inteligentísimos a la defensa con habilidades únicas en su posición. Ozzie tenía treinta y ocho años y parecía un muchacho de veinte y cinco. Era increíble como sacaba *out* desde el hueco. Pienso que Germán hubiera sido estrella en Grandes Ligas y más porque era un atleta disciplinado, entrenaba y hacía las cosas bien. La gente especula de que si no se probó no se vale, pero creo que no tuvo que probarse porque calidad poseía de sobra. No fue un bateador de 300 pero le daba un jonrón a cualquiera. Sacaba las bolas de línea por el *left field*. Sabía tocar la bola, correr y robar bases.

Germán recibe una llamada telefónica de un directivo de la Comisión Nacional de Béisbol para solicitar su consejo sobre el entrenamiento de jugadores de cuadro. Tranquilo le brinda sus indicaciones y prosigue la historia de su vida.

En el siguiente campeonato nacional hablaron conmigo para pasarme para Industriales pero como allí había otras figuras establecidas y mi tiempo de juego iba a ser limitado, rechacé esa proposición, no porque tuviera miedo de jugar en el equipo grande de la capital, sino porque no me sentía aún capacitado para sobresalir, sentía que un año mas en Metropolitanos me iba a ayudar mucho, me iba a preparar mejor para empeños mayores. Ese año me destaqué muchísimo a la defensa, tuve como ciento treinta y pico de lances sin cometer error, algo que la prensa no dice, no sé si habrán perdido el dato, vine a hacer un error en el Mariel, en un *rolling* de Rogelio Martínez, que lo que me soltó fue un trueno y como en esa época los guantes marca Batos que usábamos eran muy rígidos, el batazo me lo dobló a la mitad. Disparé mi primer jonrón en Series Nacionales contra Israel Alonso, de la Isla de la Juventud, en el estadio Frank D´ Beche, de Guanabacoa, el 2 de diciembre de 1987, fue un batazo por el *left field* en la primera entrada y sin nadie en bases. El segundo se lo di a Rene Arocha de Industriales, en el sexto *inning* por el *left field* con uno en base, en el estadio Latinoamericano, el 24 de diciembre de 1987. Disparé cinco vuelacercas en esa Nacional. Quedé por primera vez líder en bases robadas de la Zona Occidental con 18. Este año fue mejor para Metros ya que tuvimos record de 28 ganados y 20 perdidos.

Así que integré por primera vez el conjunto Ciudad Habana para la Selectiva de 1987 bajo la dirección de Pedro Chávez. Finalizamos en segundo lugar a solo un juego de Serranos. Me esforcé mucho pues había jugado un año con Padilla y este había hecho equipo Cuba, y me dije que yo también lo podía lograr y me lo tracé como meta. Aunque estaba Verde, tremendo pelotero, que bateaba mucho. Pero empecé a entrenar, era el primero en llegar y el último en irme. Les decía a los entrenadores que me dejaran batear de primero, para así poderle coger los *rollings* a los demás. A mí no me gustaban los fongueos, sino coger la bola realmente bateada porque esa es la que viene de picón, de *bounce* alto, de línea, de *fly*, para el hueco, hacía delante. Yo me echaba la práctica de todo el mundo en el *short*, trabajaba mucho porque tenía deseos de llegar

Luis Pestana fue un torpedero muy defensivo de equipos de la capital y de la Isla de la Juventud. Conoció a muchísimos jugadores destacados de su generación. Desde hace varios años radica en el exterior y se declara ferviente admirador de Germán Mesa:

Desde que comenzó presentó sus credenciales como gran jugador. Pienso que pudo haber jugado en Grandes Ligas. Sus facultades fueron muy buenas, su alcance, su brazo y su pensamiento a la hora de jugar. Llegó a ser un bateador de fuerza ocasional. Importante fue el complemento que logró con Juan Padilla. Funcionaban como una unidad, fueron una combinación extraordinaria.

Zoilo Versalles, estelar torpedero y primer cubano en ser seleccionado Jugador Más Valioso en Grandes Ligas vino a ver nuestro entrenamiento en la Selectiva de 1989. Se puso a darnos *rollings* a Germán, Rolando Verde y a mí. Cuando terminamos escuché que le dijo a Germán que tenía tremendas manos y que era un relámpago en el *short stop*.

Le comenté la anécdota contada por Pestana. Germán no recordaba todos los detalles y le provocó una expresión de orgullo.

Continué mi trabajo con Manuel González para perfeccionar mi labor como jugador de cuadro. Imagínate que tuve en contra hasta al profesor Juan Ealo quien decía que el pelotero tenía que ser grande y fuerte para meterla contra el muro. Ealo me veía chiquito, flaquito y no entendía que yo estuviera allí dándole líneas a todo el mundo. Él hablaba de todos y a mí no me mencionaba, y seguía matando a los *pitchers*, robando bases, haciendo jugadas de corrido y bateo y nada. Hasta que un día reconoció en público que el trabajo que yo estaba haciendo era el correcto. Menos mal, al menos me mencionó una vez, ya la gente me estaba notando. Volviendo a mi primera Selectiva, la cosa no me fue fácil, pues en mi posición estaba Rolando Verde, equipo Cuba, un jugador ya hecho. Me dije que para jugar tenía que dar palos, robar bases, tocar bolas y meter buenos doble plays. Al principio no me ponían, no tenían confianza en mí. Aproveché las oportunidades que me dieron y comencé a batearle a los *pitchers* buenos, pues como no me conocían, no sabían qué tirarme para dominarme. Marquetti y Medina me ayudaron con sus consejos de bateo. Los jugadores establecidos inspiraban mucho respeto, yo los escuchaba cada vez que me daban la oportunidad de trasmitirme sus experiencias, me decían que, al ganar en desarrollo físico, aumentaría mi fuerza al bate. Fuimos a la gira por Oriente y jugué varias subseries. Regresamos a La Habana y para el banco otra vez, yo sin saber por qué, pues estaba bateando.

En la Serie Nacional 1987-1988, me pasaron para Industriales, dirigidos por Raúl Reyes. Allí estaban Armando Ferreiro, Juan Padilla, Lázaro Vargas, Rolando Verde, Leonel Ricardo, Luis Pestana, Antonio Sarduy,

Antonio González, Javier Méndez, Luis Daniel Pérez, Pablo M. Abreu, René Arocha, Lázaro de la Torre, Euclides Rojas, José M. Darcourt, Orlando «El Duque» Hernández, Ángel Leocadio Díaz, Juan Bravo, Humberto Casamayor, Jorge Salfran, Ernesto Sánchez, Orbe Luis Rodríguez, Antonio Scull, Oscar Valdez, Lázaro Valle, Francisco Despaigne e Iván Álvarez. En esa época jugábamos doble juegos los domingos, yo jugaba el primero y Verde el segundo, pero se lesionó y comencé a alinear todos los días. Por primera vez conecté dos jonrones en un mismo juego, contra la Isla, en la quinta y séptima entrada contra Justo López, en el estadio Cristóbal Labra el 6 de enero de 1988. Ese año quedé líder en bases robadas en la zona Occidental con 25, Luis Ulacia robó 26 en la Oriental.

Rolando Verde Santamaría fue un excelente pelotero, miembro de Metropolitanos, Industriales, Ciudad Habana y Cuba compartió con Germán como compañero de equipo, entrenador y directivo. Persona de extrema nobleza que trasmite a través de su conocimiento. Humilde, sencillo, extraordinario ser humano.

Torpedero seguro, excelente bateador, jugador versátil que se desempeñó con maestría en primera y tercera bases. Gracias a él, no extrañamos a Lázaro Vargas en la selectiva de 1990 donde Ciudad Habana se proclamó campeón con una cómoda ventaja. Este verde que maduró azul nos comentó sobre el mítico número 11:

En la Serie Nacional de 1988 me lesioné la columna en el cuarto juego del campeonato. Me recuperé y me incorporé en la Selectiva, ya Germán había impresionado, así que el abrió como *short stop* y yo como designado. Semanas después comencé a jugar primera, pero me hice una luxación en la muñeca y me tuve que ir del torneo.
Al año siguiente Rodolfo Puente dirigió los Industriales y pidió a Germán. Entendí que él venía subiendo, era mejor que yo defensivamente y un pelotero excepcional. Yo quería jugar al campo y no ser designado por lo que pedí pasar para Metros. Debido a esto hablaron conmigo para que me quedara un año más por mi experiencia, ya que aun podía ser útil a Industriales y acepté. Mis lesiones no influyeron, Germán se impuso por su extraordinaria calidad, desde esa época yo sabía que estaba frente a un

portento del campo corto, de un fuera de serie. Jugué primera base varios años y tercera en la Selectiva del 90 con Servio Borges. Estuve mis últimos años con los Metros porque ya Germán se había establecido.

Los Industriales de mi tiempo éramos un equipo combativo, no amarillos como dice la gente. Pero es verdad que a veces había desunión en el equipo, el ego, las pugnas internas y la envidia hacían mella en los resultados del conjunto. También otros factores internos nos afectaron.

No me gusta hacer comparaciones. Germán fue un *short stop* natural, tenía buenas manos, un brazo potente, agilidad, rapidez de reacción, instinto, sabia ubicarse, ágil, flexible y muy inteligente. Tenía ángel, todo lo que hacía en el terreno le salía bien. No por gusto es considerado el mejor torpedero que ha dado Cuba. De los que yo vi jugar, para mí es el mejor. Como bateador algunos no lo tienen en cuenta, pero era muy bueno conectando bolas rápidas pues tenía tremenda velocidad de *swing*. Rindió un mundo con el equipo Cuba. Fácilmente pudo jugar en Grandes Ligas. Reinaldo Ordoñez se desempeñó extraordinariamente en las Mayores y ganó tres guantes de oro, eso se respeta, pero Germán alcanzó ese mismo nivel y era muy elegante fildeando. Eduardo Paret era muy seguro, con un desplazamiento fuera de lo común, muy efectivo en el campo, un estelar sin dudas, pero no tenía esa elegancia porque eso nace con la persona. Fue un digno sucesor pero Germán fue otra cosa, un espectáculo, la gente iba a verlo jugar porque hacía cosas que otros no podían hacer o les costaba trabajo ya que a él se le daban de forma natural.

Se toma su tiempo para pensar lo que va a decir, como cuando calculaba los *bounces* de la pelota para lograr un *out* importante para su equipo.

Yo tenía buen desplazamiento y sentido de la ubicación. Cogía y tiraba, no me preocupaba si era error o no. Me encantaba meterles *out* a los buenos corredores. La furia que se sentía, la algarabía del público en el Latino cuando yo hacia una jugada me provocaba una sensación indescriptible. No sentí presión al estar en Industriales, jugué cómodo y eso impresionó a los técnicos. Por fin se me había cumplido el sueño de estar con los azules, el pasado y el presente ubican al equipo insignia de la capital en la cima, en el caso de los resultados históricos, sin dudas es el más laureado de todos los representativos cubanos. Hoy Industriales es uno de los grandes símbolos de nuestra pelota, capaz de atrapar fuera de la isla a miles de aficionados al beisbol, incluyendo personas nacidas fuera de Cuba y quizás sin hablar el idioma español. Industriales ha crecido en magia positiva para unos, negativa para otros, pero su altura actualmente alcanza niveles insuperables por ser más que un simple equipo de beisbol, por ser una parte indispensable e imprescindible dentro de la pelota cubana, una verdadera institución dentro del juego de las bolas y los *strikes*. Ser titular no me tocó de la noche a la mañana, llevó su proceso. Un día llegué al Latino, no me vi jugando y me molesté, pero Manuel González me llevó para el túnel y me aconsejó que tuviera paciencia que mi momento llegaría.

En la Selectiva de 1988, bateé muchísimo, 345, fui el líder en *hits* con 91 y en triples con 6. Disparé 12 jonrones. Mi primero en Series Selectivas se lo di a Isidro González, de Mineros, en el estadio Latinoamericano el 16 de marzo de 1988. Fui el *short stop* del equipo Todos Estrellas ofensivo de la serie. Ya me sentía listo para empeños mayores.

Omar Linares es considerado por muchos el mejor pelotero cubano de todos los tiempos. Desde muy joven coincidió con Germán y después del retiro trabajaron juntos en el cuerpo de dirección de varios conjuntos en nuestro país y en el extranjero. En estos momentos se desempeña como coach en los Dragones de Chunichi. Conversó conmigo desde Japón vía Whatsapp:

> Somos de la misma edad. Lo vi jugar por primera vez en los juegos escolares. Siempre tuvo muy buenas manos. Causó muy buena impresión desde que estaba en los Metropolitanos. Siempre fuimos amigos ya que el equipo nacional se caracterizaba por ser una gran familia.
> Fue un torpedero muy seguro, certero en los doble plays. Era el organizador del *infield* del equipo Cuba. Cualquier

jugada que se movía, él era el que coordinaba todo.

Nunca lo quería tener como adversario porque se ubicaba muy bien en el campo y casi siempre te sacaba *out* si bateabas por él. Adivinaba por donde venia la conexión. Fue muy buen bateador, se robaba segunda y tercera y te anotaba carreras fácilmente. Fue primer bate de Industriales y casi siempre que se embazaba anotaban carrera.

Las vivencias del legendario número 11 de la pelota cubana me emocionan grandemente por lo que, impaciente, le insto a continuar su relato.

El equipo Hiroshima Toyo Carp de la Liga Profesional Japonesa nos visitó del 4 al 10 de noviembre de 1988. Me escogieron en el equipo que iba a topar con ellos en varios juegos en La Habana y Santiago de Cuba. Nuestra selección estaba integrada por nuevas figuras en ascenso y jugadores que no eran regulares en el Cuba grande. El picheo nuestro sí fue de primera línea pues estaban Pablo Miguel Abreu, Omar Ajete, René Arocha, Ariel Prieto, Lázaro Valle y Reinaldo Santana, entre otros. Los jugadores de campo fueron Pedro Luis Rodríguez y Lázaro Arturo Castro en la receptoría, Luis Álvarez y Leonel Moa en primera, Juan Padilla y Oscar Macías en segunda, Evenecer Godínez y yo en el campo corto, Gabriel Pierre y Lázaro Vargas en tercera, así como en los jardines, Ermidelio Urrutia, Romelio Martínez, Víctor Bejerano y Antonio Sarduy. José Miguel Pineda fue el manager, del que tengo muy buenos recuerdos. Te cuento una anécdota: se suponía que el regular en Santiago iba a ser Godínez, sin embargo, cuando pusieron la alineación en la pizarra del estadio Guillermón Moncada el que salía era yo. La gente de allá se puso brava. Cuando salí al terreno, empezaron a gritarme, a meterse conmigo. Muchacho, al momento regresé para el banco. Entonces Pineda me llamó para el *clubhouse* y me dijo:

¿Qué te pasa a ti?, dale, dale ve a jugar. Lo mismo que te están gritando a ti me lo están gritando a mí. Usted va a salir para allá y lo va a hacer bien, usted no me puede hacer quedar mal. Usted sabe por qué está jugando. ¡Porque usted es el hombre para esa posición en estos momentos! ¿Usted sabe por qué está jugando niño? Pues porque yo soy el

director del equipo y porque me da la gana. Arriba vaya
a jugar que esa misma gente que ahora te está gritando
después te va a aplaudir.

Esas palabras me alentaron, me dieron fuerza, Pineda tenía tremenda confianza en mí.

En cuanto salí aquello se vino abajo, me chiflaban las bolas, los *strikes*, los forzados en segunda, todo. No me dejaban respirar. En mi primer turno enseguida el *pitcher* me puso en dos *strikes*. Yo quería morirme, pero me dije que en ese conteo casi todos los pitchers vienen con rompimiento, se me ocurrió una jugada que se hace poco y que yo llevé a cabo varias veces cuando estaba en Metropolitanos. Vi que el *infield* estaba detrás por mi conteo adverso y toqué la bola con dos *strikes*, ya tú sabes la bola corriendo por la hierba y yo quieto en primera. En el Guillermón Moncada no se sentía ni una mosca. Silencio total. Se acabó el *inning* y la gritería comenzó de nuevo contra mí. Vengo al segundo turno al bate y me dan base por bolas, robo segunda base, robo tercera. Silencio total de nuevo. Voy a cubrir y me dan un *rolling* difícil para el hueco, bien atrás, cogí y tiré como venía. Me dije voy a jugar para ellos, de pronto un hombre, se paró arriba del banco y le dijo a la multitud: «¡*Señores, está bueno ya, ese que está ahí es tremendo pelotero!*» Aquello paró ahí mismo.

Le estoy inmensamente agradecido a ese santiaguero que no conozco pero que me apoyó en ese momento y Pineda, tremendo manager, me acuerdo que cuando le preguntaron cómo dirigía al equipo Cuba se limitó a responder que los Van Van tocan solos, que no tenía que decirnos cómo jugar, que lo hacíamos todo bien. En el tope con los profesionales japoneses me fui de 10-5 para 500 de promedio ofensivo. Ganamos 4 desafíos con marcadores de 8 X 3, 8 X 6, 6 X 5 y 7 X 1, así como caímos derrotados 6 X 3 en el juego final. El jardinero central de Hiroshima, Kasuo Matsubashi impresionó por sus elegantes fildeos. De ese tope también me viene a la mente un *squeze play* suicida que hizo Vargas conmigo en tercera, así de sueltos andábamos.

Ese primer contacto con los japoneses me impresionó mucho porque el pelotero nipón tiene mucha ética, entrena muchísimo. Son muy responsables, respetuosos y disciplinados y por su temperamento se diferencian mucho del pelotero latino. Después tuve la oportunidad de convivir entre ellos y te digo que son incansables a la hora de la preparación física y mental del pelotero. Son maestros del juego colectivo. Basan el juego en por cientos, si te hacen una en cada *inning* son 9, entonces tienes que hacerle 10 para ganarles.

Dominan la disciplina táctica a la perfección, te explico: tienes corredor en segunda y hace falta llevarlo a tercera, entonces se debe batear para la derecha para posibilitar el avance del corredor hacia esa base. En eso ellos no fallan, lo dominan a la perfección, no buscan dar el *hit,* sino hacen lo que se les indica. Con hombre en tercera, buscan el *fly* de sacrificio, cambian el *swing,* adecuan la forma de batear y te fabrican la carrera. Si fallan el intento de toque de bola, cuando se termina el juego ellos solitos cogen su saquito de pelotas y se ponen a practicar el toque de bola.

En la 28va Serie Nacional llevada a cabo entre 1988-1989, los Industriales quedamos en segundo lugar en el *playoff* final detrás de Santiago. Nuevamente integré el equipo Todos Estrellas de este campeonato.

Ese fue un buen año para uno de los peloteros que más admiro, Lázaro Valle quien lideró la Serie Nacional en promedio de carreras limpias con 1,93 y la Selectiva en ganados y perdidos con un perfecto 10 y 0.

Lázaro Valle Martell fue por varios años el principal lanzador del equipo nacional. Muy buen amigo. Compartió muchísimo con Germán y nos regaló sus impresiones:

> Era una garantía tenerlo en tu equipo. Fildeaba con dos manos y tiraba perfecto a las bases. Colegiaba con él los lanzamientos, lo miraba y él escogía lo que iba a tirar. Tenía mucho poder de observación y siempre tuvimos buena química.
>
> Muchas veces picheaba según la formación que hicieran Germán y Padilla, aunque casi siempre jugaban cargados al centro del terreno porque yo era un *pitcher* muy veloz. Siempre tuvimos una gran línea central que fallaba poco. Cuando había corredor en tercera yo lanzaba de la rodilla para abajo tratando de que me dieran *rolling* por él y de esa manera evitar la carrera.
>
> Germán les llegaba a las bolas que nadie podía. Poseía mucha movilidad, sabía posicionarse y era muy seguro. Teníamos una seña especial para virarme a segunda y muchas veces nos dio resultado. Pienso que pudo imponerse en las Grandes Ligas de habérselo propuesto.

Germán corrobora lo antes expuesto por Valle y prosigue:

Integré nuevamente el equipo Ciudad Habana para la 15ta Selectiva donde perdimos en un *playoff* muy reñido con el equipo de Las Villas. Los equipos capitalinos de finales de los 80, comienzos de los 90 no ganaron porque no tenían *team work*, todo el mundo buscaba el protagonismo y cuando hacía falta sacrificarse, tocar la bola para adelantar a algún corredor, nadie quería hacerlo, todo el mundo quería dar el batazo. Nuestros bateadores consagrados, aunque estuvieran mal no jugaban para el equipo, sino buscaban levantar promedios ofensivos. Los directores no se imponían, no nos exigieron lo que debían. Pensé que ganábamos ese torneo, incluso le declaré al periodista Gustavo Borges mi optimismo y seguridad en la victoria. Además de sentirme en condiciones para jugar en cualquier nivel cuando me inquirió sobre mi posibilidad de integrar el equipo nacional. Recuerdo bien esa entrevista pues también reconocí la gran calidad de los defensores de mi posición en ese momento en el país. Padilla y yo integramos el equipo Todos Estrellas de esa Selectiva.

Equipo Cuba, Copa Intercontinental, Puerto Rico, 1989

El año 1989 fue muy bueno para mí y por primera vez integré el equipo Cuba grande, dirigido por Jorge Fuentes, que fue a la Copa Intercontinental de San Juan, Puerto Rico llevada a cabo entre el 16 y el 27 de agosto. Allí fue testigo de algo muy bonito, el juego perfecto de Lázaro Valle contra Corea del Sur el 22 de agosto de 1989. Luis Ulacia era el regular, pero yo jugué ese partido y tuve el inmenso placer de que el último *out* fue un *rolling* a mí. El que lo ve piensa que el batazo es fácil, pero cuando la pelota rebasó a Valle, la cogí pasando por segunda base, me dio un bounce hacia la derecha y no se me hizo fácil. En cámara lenta se percibe. Imagínate ahí no se podía fallar, era un juego perfecto. Valle, hermético y con una velocidad supersónica, recta de más de 90 millas y una slider que se caía como un precipicio. Puso a gatear a los sudcoreanos, nocao de 11 a 0 en 8 *innings* y de 24 contrarios que enfrentó ponchó a 13. Esa fue mi primera prueba de fuego en el equipo Cuba. En ese torneo bateé de 10-1 con 4 anotadas y 2 empujadas, no rendí todo lo que quise, porque me faltaba confianza. Era nuevo en el equipo y sentía presión al jugar con hombres de mucha más experiencia que yo.

Además, no me ayudó la suerte. Muchos de mis batazos pudieron haber sido *hits* pero salieron de frente. Quedamos campeones en el juego final 8 X 2 contra Japón y su estelar lanzador Hideo Nomo. Jorge Luis Valdés relevó a José Luis Alemán desde la segunda entrada y logró el triunfo. En ese desafío el más destacado fue Lourdes Gurriel con un jonrón de 3 carreras en el cuarto capítulo y un sencillo empujador en el séptimo.

50

Equipo Cuba, en Japón, 1989

Pablo Gutiérrez, con más de treinta años de experiencia como Psicólogo del Deporte nos brinda sus valoraciones de gran interés:

Le afectó el llamado Síndrome del Novato, que por lo general se expresa con una sobre motivación y deseos de hacerlo todo bien. La inexperiencia competitiva internacional lo llevo a un bajón inesperado en sus resultados. Recuerdo que Germán empezó a tener elevados niveles de ansiedad, sobre todo al querer hacer más de lo necesario. Pero no era de los que se amilanan y asumió como reto no solo regresar al equipo Cuba, sino además, hacerlo como titular de su posición.

En la nacional 1989-1990 quedamos en la tercera posición, pero en la Selectiva ganamos con Servio Borges, con 5 juegos de ventaja sobre Pinar del Río, aunque resultó polémica su decisión de dejar a Lázaro Vargas, Juan Bravo y Lázaro de la Torre fuera del equipo Ciudad Habana y poner a Rolando Verde en tercera base. Muchas cosas nos salieron bien y nuestro primer bate, el fallecido jardinero Tony González lideró la ofensiva con 416 de promedio.

GERMAN MESA FRESNEDA

FN: 12.5.64   Edad: 23   Prov.: C. de la Habana
Peso: 68 kg   Estatura: 170 cm
No. Uniforme: 11
Posición: SS
Batea: (D)   Tira: (D)
Equipo de Procedencia: Industriales

Labor Año 1990

	VB	H	CI	HR	Ave.
Serie Nacional	157	54	17	6	344
Serie Selectiva	245	75	44	4	306
Total	402	129	61	10	320

Participación Internacional (7)

1 Campeonato Mundial Juvenil
1 Copa Intercontinental

Humberto Casamayor fue un destacado receptor defensivo de los equipos capitalinos y pre selecciones nacionales. Con humildad nos expresó:

Se colocaba muy bien por eso le llegaba a muchos batazos que podían ser *hit*. Dueño de un gran desplazamiento y poder de reacción. Yo les pedía las señas a los lanzadores según él se moviera en el terreno. Teníamos una seña especial para sorprender a los hombres en segunda y lo hacíamos con efectividad.

Tocando bolas de sorpresa era fantástico. Él y el difunto Tony González montaron una jugada de robo de tercera base y toque de bola que cuando el jugador tiraba a primera, él o Tony llegaban a *home*. Eso surgió de la película Ligas Mayores que Servio Borges llevó para que la viéramos en Pinar del Río y enseguida pusieron en práctica la jugada.

Germán profundiza sobre el triunfo en la Selectiva del 90.

Borges fue un director valiente, lo admiro mucho porque en ese campeonato logró la unidad de nuestro equipo. Hombre muy serio, todos los que lo acompañaron en la dirección, Coco Gómez, Raxach, Nelson Siero y Argüelles, peinaban canas y él no. Se rodeó de toda esa experiencia y le agregó sus nuevas técnicas de dirección y logró tremendo resultado. Servio era el más joven y mira, tremendo director. No tenía miedo a tomar decisiones, recio con la disciplina. Ese equipo Ciudad Habana ganó porque Servio lo unió. Hizo que jugáramos como uno solo, logró tremendo *team work*. No éramos indisciplinados ni cometíamos faltas de respeto, pero Servio logró inculcarnos esa «disciplina de terreno», que nos faltaba, donde correr, donde tirar, cuando robar y cuando hacer el corrido y bateo. Esa es mi máxima, cuando hay disciplina las cosas se logran.

Equipo Ciudad de La Habana, Campeón 1990

Germán Mesa, equipo Ciudad de La Habana

Seguidamente fui a los Juegos de Buena Voluntad celebrados en Seattle, Estados Unidos. Yo aspiraba a ser regular, pero estaba Ulacia en tremenda forma deportiva. Yo pensaba que Ulacia iba a jugar contra *pitchers* derechos y yo contra zurdos, esa era mi mentalidad. En un juego estaba calentando un lanzador submarino, así que me relajé pues pensé que iba a jugar Ulacia, pero él tuvo un problema y me pusieron a jugar a mí, miré para la pizarra y vi Germán Mesa, primer bate. Ahí me dije: *«Ciérrate, que es la tuya»*. Mi primer turno al bate y contra un submarino, como lo vi bien calentando, le dejé llegar bien los lanzamientos y los dirigí hacia el *right field*. El jardinero midió bien la bola y me capturó el batazo por los 360 chocando contra la cerca. Segundo turno: ídem al primero, estaba salado, de dos veces al bate cero *hits*. Pero qué va, al tercer turno no escapó, despaché jonrón por el *left center*.

A los lanzadores submarinos no se les puede halar la bola porque te alejas del lanzamiento. En esa competencia di otro jonrón, pero ese dentro del terreno, en el juego final contra Japón, fue una línea al *center field* donde el jugador intentó coger la bola de cordón de zapatos y esta se le fue hasta lo último. Acto seguido Pacheco dio otro jonrón fuera del estadio. Dimos tres seguidos en ese *inning*. Ahí comencé de verdad como titular en el equipo nacional, porque el año anterior solo lo había sido por intermitencias. En los Juegos de Buena Voluntad promedié para 304, resultado de 7 *hits* en 23 turnos al bate con 2 jonrones y 8 empujadas.

Terminamos invictos ese torneo y fuimos al Campeonato Mundial de Edmonton Canadá, celebrado entre el 4 y el 19 de agosto de 1990, y yo jugando como titular. Allí fui el *short stop* del equipo Todos Estrellas pues bateé 475 y me robé 4 bases. Kindelán obtuvo la Triple Corona de bateo. En los dos juegos de *play off* vencimos a Nicaragua fácilmente 14 a 0 y 11 por 5. Fuimos campeones mundiales por vigésima ocasión.

Equipo Cuba Campeón Mundial, 1990

Luis Ulacia Álvarez comenzó su carrera como pelotero en el municipio capitalino de San Miguel del Padrón. Por cosas de la vida se trasladó a Camagüey donde se convirtió en uno de los mejores peloteros cubanos de todos los tiempos. Bateador ambidextro muy pícaro, rápido en las bases, se destacó como short stop y jardinero en muchísimos años en que integró el quipo Cuba siendo su primer bate natural:

> Desde que comenzó fue uno de los grandes torpederos de Cuba. Yo disfrutaba verlo jugar. Logró una combinación espectacular con Juan Padilla, una bomba.
> Estábamos participando en los juegos de Buena Voluntad de Seattle de 1990, me quedé dormido, llegué tarde, Servio me sancionó y no me puso a jugar. Germán asumió mi posición con tremenda calidad. Así que analicé el asunto

y la dirección del equipo decidió moverme a los jardines. Entre nosotros no hubo rivalidad, en esos tiempos el equipo Cuba era una familia, todos muy unidos, existía la armonía y la hermandad.
Nuestro objetivo era ganar y ganar como fuera. Así que le tocó asumir la posición. Yo me sentí más aliviado en los jardines y con menos responsabilidad. Iba a batear más fresco».

Germán valora muchísimo las palabras de su compañero de equipo y amigo.

De los momentos más difíciles que pasé en el equipo Cuba, está una oportunidad que estábamos jugando en Edmonton en 1990 y era nuestro día libre. Orlando «El Duque» Hernández y yo decidimos ir a casa de unas amistades. Allá me regalaron un televisor y nos atendieron bien. Pero casi a la medianoche se apareció Pineda a buscarnos, diciendo que se había formado tremendo lío por nosotros.

Al otro día nos reunieron a todos. Nos plantearon que habían pensado que nosotros nos habíamos quedado, que nos habíamos demorado y que iban a sancionarnos. Por suerte, jugadores como el «Capitán» Antonio Pacheco nos defendieron. Sus opiniones fueron de peso por lo que la sangre no llegó al río. Ese día como medida ejemplarizante no me pusieron a jugar.
La vida en el equipo Cuba no era fácil. Antonio Pacheco un excelente pelotero y persona. Cuando entré al equipo Cuba tuve que adaptarme a su forma de jugar, busqué un acercamiento con él, conversamos y acoplamos muy bien. Me divertí mucho jugando con Antonio, hicimos varias jugadas emblemáticas como las de los Panamericanos de la Habana contra Estados Unidos y otra en Sydney 2000.
Posteriormente participé con el equipo Cuba, bajo la dirección de Servio Borges, en los 16tos Juegos Centroamericanos de México, celebrados en noviembre de ese mismo año. Quedamos campeones invictos y bateé de 31-7 para 226 de average, aún me estaba adaptando a los torneos internacionales.

Orestes Kindelan, *El Tambor Mayor*, fue el cuarto bate del equipo Cuba por muchísimos años. Es nuestro principal jonronero con 487 bambinazos de por vida:

Lo vi por primera vez en la Selectiva de 1986, estábamos jugando un doble juego de domingo en Guantánamo y Germán atrapó tremendo *rolling* que di entre tercera y *short*. Desde ese momento me di cuenta que estaba frente a un pelotero extra clase. Desde ese tiempo somos amigos. Fui su primera base en el equipo Cuba y disfruté verlo jugar por muchos años. El equipo nacional era una familia donde nos apoyábamos unos a otros. Cualquiera de los nueve jugadores te decidía un partido. Jugábamos con agresividad, pero sin ansiedad.

Mesa admira mucho a Kindelán. Valora extraordinariamente su amistad y continúa su relato.

En la 30 Serie Nacional llevada a cabo entre 1990 y 1991, Industriales no clasificó a los *playoffs*. Como única satisfacción me quedó el ser el líder en bases robadas con 22. Para robar bases no se tiene que ser el hombre más rápido. Tienes que saber cuándo irte, en qué conteo, el movimiento del *pitcher,* como es el cátcher, la secuencia de picheo y combinarlo todo. El secreto no es el correr rápido, ni tener fuerza en las piernas, es la inteligencia, la maña, el tipo de lanzamiento que viene, tipo de bateador, muchos poquitos te ayudan para el robo.
Tengo muchas bases robadas en series nacionales y creo que pude tener más si me hubiera lesionado menos. Era lo que más disfrutaba en el juego de pelota. Adelantaba bastante y le tomaba el tiempo al lanzador, que era al que realmente le robaba la base. Me costaba trabajo robarle a Reinaldo Costa de Pinar del Río y a Rafael Gómez Mena cuando picheaba con Metropolitanos. Buenos receptores fueron Alberto Martínez, Juan Castro, Juan Manrique y Ariel Pestano. Me gustaba ver a Víctor Mesa, ese fue un maestro robador, una inspiración y uno de mis ídolos.

Ricardo Miranda se comunicó vía correo electrónico desde Perú. El aguerrido cátcher de los equipos capitalinos y ahora directivo del béisbol en el país sudamericano habló con emoción sobre nuestro protagonista:

Pasamos juntos por escuelas deportivas. Germán era como el organizador de un equipo de baloncesto o el pasador de un equipo de voleibol. Fue el jugador que organizaba el equipo. A pesar de que el receptor está de frente, el que asumía esa función era Germán. Siempre fue una pieza importante en los equipos en que coincidimos. Era muy entregado en el terreno.

A veces cuando yo tiraba mal a las bases, Mesa se hacía un etcétera y lograba capturar la bola. Me sentía muy seguro jugando con él pues defendía muchísimo no solo los *rollings* sino los tiros y los virajes a la segunda base.

Fue un estratega muy inteligente. Estudioso y analítico, siempre me aconsejaba a la hora de batear. Las experiencias que compartí con él me sirvieron en toda mi vida deportiva. Su profesionalismo y respeto hacia el público fueron ejemplo para mí. Se entregaba totalmente y jugaba lesionado lleno de vendas.

Lo clasifico como un artista del *short stop*. Sin hombres en bases y dos *outs* cuando bateaban por él, tiraba y se iba corriendo para el banco sin mirar. Así de bueno era. Su espectacularidad inspiraba al equipo. Tenerlo con nosotros era un lujo.

Lazaro de la Torre, Germán Mesa y Lázaro Vargas, Serie Selectiva

En la 17ma Selectiva, llevada a cabo en 1991, Ciudad Habana terminó en la segunda posición dos juegos detrás de Pinar del Río. Los equipos de la capital pocas veces pudieron materializar sus triunfos debido a contradicciones en el seno del conjunto. Continuaba la desunión y pugna por el liderato. Mucho ego interno. No se lograba que el rendimiento individual tributara al colectivo. Parte de la culpa la tuvieron los diversos directores que tuvimos.

Sentí mucho cuando se quedó René Arocha. Somos muy buenos amigos, fue como si me hubieran quitado un pedazo. Tremendo compañero bien llevado con todos. De hecho, al año siguiente, estando en triple AAA manejó un montón de millas para irnos a ver mientras topábamos con Estados Unidos. El tomó su decisión y se la respeto.

Lázaro de la Torre, Pablo Miguel Abreu y Germán Mesa

JUGAR SIN MIEDO

«Germán es que no me canso de verte fildear»

JORGE FUENTES

Una de las jugadas que recuerdo con cariño es la que hice en los Juegos Panamericanos de la Habana en 1991, ya que pude salvar un partido contra los Estados Unidos. Fue un *rolling* por encima de segunda de Charles Johnson y logramos un doble play con bases llenas. De esa manera sacamos al equipo de una situación difícil, con esta atrapada demostré que era un jugador sin miedo, que me entregaba en el terreno y que hacía las cosas bien. Después de la jugada, todos mis compañeros me saludaron. Vargas como es muy emotivo me dijo: «dale, sal para que saludes al público», a lo que respondí: «No muchacho, si yo lo que hice fue cumplir con mi trabajo». Pero me cargó y me sacó fuera del banco. El público deliraba, la ovación fue tremenda. Ese momento se enmarca entre los más importantes de toda mi vida. Fue el domingo 11 de agosto de 1991 y se encontraban más de 55 mil espectadores en el Estadio Latinoamericano. Aquí se selló mi madurez como pelotero, mi consagración en el equipo nacional.

Omar Ajete, pinareño, catalogado como uno de los mejores pitchers zurdos cubanos de todos los tiempos, comentó:

> Conozco a Germán desde los juveniles. Fuimos compañeros de cuarto en los Panamericanos de la Habana 91. Ese es un peloterazo. Aún recuerdo el tronco de roletazo que le cogió a Charles Johnson. Para mí fue la gran jugada de los Panamericanos de La Habana. Tiempo antes Servio le dio una oportunidad en los Juegos de Buena Voluntad de Seattle y no la desaprovechó. Nunca más dejó de ser regular en el equipo Cuba. Tuve la suerte de contar con Giraldo González en mi equipo, quien fuera un *short stop* estelar,

pero pienso que Germán fue el mejor del mundo. Me acuerdo que en un juego Pinar del Río-Industriales hizo una jugada en el hueco, bateando Yosbany Peraza, que dejó atónitos a todos.

Como bateador se me hacía muy difícil pues cuando se embazaba robaba segunda y tercera. Era muy buen bateador de bola rápida. Yo se la tiraba en zona mala. Lo trabajaba con screwball y otros rompimientos.

En los Panamericanos estuve muy bien al bate: conecté 10 *hits* en 29 turnos para 345 de average. En el juego contra Nicaragua, Víctor se robó *home* en el octavo *inning,* esa fue una jugada que disfruté muchísimo. Ese incremento en mi rendimiento fue gracias a un trabajo arduo, en los entrenamientos del equipo Cuba era el primero en entrar al terreno y el último en salir. Omar Linares y yo entrenamos muy fuerte. Recuerdo un día que Jorge Fuentes me estaba dando *rollings* y ya estaba pasado como por 50, yo me sentía exhausto, al otro día había juego y le dije: *«Profe, estamos pasados hace rato»* y me respondió: *«Germán es que no me canso de verte fildear».*[10]

Ganamos los Panamericanos de manera invicta, a pesar de que Lázaro Valle se encontraba lesionado. En la final vencimos a Puerto Rico 18 a 3, con tres jonrones de Ermidelio Urrutia. En total nuestro equipo anotó 136 carreras con 5 nocaos en 10 juegos. El Tati Valdés picheó un «no hit no run» contra Canadá, fue este el primero en la historia de los juegos. En el torneo quedé como líder en carreras anotadas con 13, empatado con Víctor, Linares y Pacheco. Integré el equipo Todos Estrellas del Torneo. Fui por primera vez campeón nacional en 1992, cuando Industriales venció a Henequeneros en el playoff final, 4 juegos a 1. Tengo buenos recuerdos de ese torneo. Nos dirigió Jorge Trigoura, a quien yo conocía de antes pues trabajábamos juntos en la Dirección Municipal de Deportes del Cotorro. Jorge amarró cortico la disciplina del equipo y pudimos ganar. Tuve muy buena comunicación con Trigoura, me ayudó a autoanalizarme como jugador, buscar mis puntos fuertes y explotarlos al máximo. Cumplimos el objetivo y al año siguiente continué trabajando y me preparé aún mejor, porque el reto era superior.

---

[10] García León, Joel. Entrevista a Jorge Fuentes. «No tengo alma de esclavo». Publicado en Trabajadores el 18 de mayo de 2014. Consultado en: http:/www.trabajadores.cu.

Osvaldo Fernández Guerra, destacado lanzador zurdo de los equipos de la capital y Cuba de finales de los años 80 y comienzos de los 90, que jugó como profesional en las sucursales de los Marineros de Seattle expresó sobre Germán:

> Para mí fue el mejor *short stop* de la pelota cubana. Extraordinaria defensa, era muy inteligente, se anticipaba a la jugaba, tenía buen alcance de la bola y su combinación con Padilla fue única. Buen bateador y oportuno. Jugué béisbol en Cuba y como profesional en Estados Unidos y nunca vi una combinación como esa. Creo pudo haber jugado en Grandes Ligas. Sin dudas fue un magnífico deportista.

Equipo Industriales, Campeón de la Serie 1992

En la Selectiva del 92 dominamos la clasificatoria con 41 victorias por 36 los Serranos, pero por primera vez se haría un play off final. Nos creímos triunfadores antes de serlo. Regresamos a La Habana, arriba 3 juegos a 2 y nos confiamos. Por supuesto en la confianza está el peligro. Los orientales nos ganaron 2 desafíos y Serranos fue el campeón. Algunos quisieron descargar toda la responsabilidad de la derrota en el manager Jorge Trigoura bajo el argumento de haber alterado la rotación de pitcheo, otros apuntaron el índice acusador hacia la apatía colectiva del conjunto frente a un adversario aguerrido hasta el tope. Nuestra situación se volvió crítica al no poder utilizar los servicios de Leonardo Tamayo, adolorido por una lesión sacrolumbar y ello trajo consigo cambiar los planes iníciales dando menos de cinco días de descanso al Duque Hernández. Esa derrota me dolió muchísimo y aprendí de ella no festejar antes de tiempo. Nota desdeñable en esta final, al terminarse el último juego en el Latinoamericano, la inexplicable invasión de miles de personas al terreno provocó minutos después un hecho condenable, en la zona aledaña al banco de tercera base, varias decenas de elementos antisociales agredieron a varios de mis compañeros de equipo.

La ciudad Condal acogió el debut del béisbol como deporte olímpico. Cuba, Estados Unidos, Puerto Rico, Japón, Taipei de China, República Dominicana, Italia y España disputaron en los estadios de Hospitalet y Viladecan las preseas beisboleras. Con un impresionante aval en Campeonatos Mundiales, Copas Intercontinentales, Juegos Panamericanos y Centroamericanos, así como en otros certámenes internacionales, Cuba se presentó en la arena olímpica como favorita. Germán nos cuenta sobre su experiencia.

La Olimpiada de Barcelona 1992 fue uno de los eventos más importantes de mi vida. Primera incursión del béisbol en el calendario oficial de los juegos. Mi sueño de ser olímpico por fin se cumplió. Fue un gran certamen, hubo juegos muy tensos, como el primero de la eliminatoria con Estados Unidos. Japón y Taipei de China resultaron buenos equipos. Jugué como regular en el campo corto, ocupé el noveno turno al bate y solamente no alineé en dos encuentros frente a República Dominicana y España.

Un torneo en el que perder un solo juego puede costarte caro, siempre resulta difícil. Teníamos un gran compromiso con todos los cubanos. Fuimos los primeros campeones olímpicos de béisbol de la historia al vencer a Taipei en la final con un contundente 11x1, en ese juego tuve 9 lances sin error. En la Olimpiada conecté de 28-11 para 381 de average. Alcanzar la medalla de oro en ese evento lo considero como uno de mis mayores logros.

Lo que sentí en ese momento es indescriptible. No tengo palabras para explicarte lo eufórico que me sentí. Al ser campeón olímpico fui el hombre más feliz del mundo, sin medida, logré algo que había soñado, añorado y que pocas personas habían logrado y en el beisbol, nunca antes. Estoy muy agradecido con la vida, porque pude aportar un granito de arena en el triunfo cubano en Barcelona. Ese fue un gran equipo, muy unido, con mucha disciplina. Funcionamos como una máquina perfecta.

Sin embargo, mi vida personal dio un vuelco en 1992. Me separé de mi primera esposa. Me fui a vivir a casa de mis padres nuevamente. Tenía 2 hijos y era muy difícil la vida familiar porque por la pelota casi nunca paraba en la casa. A veces la gente no se da cuenta de los sacrificios que tenemos que hacer los deportistas. No todo es fama y felicidad, muchas veces es la familia la que sufre. Dos años después me casé con mi actual esposa, Mayelin Belinda Miranda Lores y pude encauzar mi vida definitivamente.

El año 1993 fue activo en competiciones internacionales. Participé en la Copa Intercontinental de Italia. En la final vencimos en la final a Estados Unidos 9 x 4, con Valle el pitcher ganador. Ya estábamos sentando cátedra Pacheco y yo como combinación de doble play. Estuve en el equipo Todos Estrellas pues bateé 444.

En noviembre de ese año se llevaron a cabo los Juegos Centroamericanos de San Juan, Puerto Rico. Ernesto Guevara Ramos con soberbio picheo apuntaló el oro contra México en la victoria final de 11 x 1.

Al finalizar los Centroamericanos realizamos un juego contra los Senadores de San Juan llevado a cabo en el estadio Hiram Bithorn, donde años después se hizo el Clásico Mundial. Los boricuas contaron con varias estrellas de grandes ligas, Carlos Baerga, Edgar Martínez, Javy López... precisamente un jonrón de López nos dejó al campo en el noveno *inning* cuando ya casi saboreábamos la victoria. A pesar de la derrota dimos tremendo partido, Valle permitió solo dos carreras en siete capítulos a ese fortísimo conjunto campeón de liga. El choque respondió a las expectativas despertadas antes de su celebración y congregó a más de 20 mil aficionados en el estadio.

En resumen, el juego tuvo muy buen nivel, picheo acertado por ambos bandos, defensa excelente y bateo oportuno. Demostramos que el equipo Cuba podía codearse con cualquiera, jugar de tú por tú con profesionales y brindar un buen espectáculo. Cuando se les permitió entrar a los jugadores rentados a las competencias internacionales se confirmó lo que ya habíamos probado. Esas experiencias, esos topes, deberían repetirse hoy en día, porque tenemos que elevar el techo de nuestro béisbol y ese tipo de juegos de confrontación son muy necesarios por la alta calidad de los rivales.

Los *scouts* nos asediaron en Puerto Rico, algo a lo que ya estábamos acostumbrados. Nos ofrecieron mucho dinero, más de 20 millones de dólares, para ir a jugar a las Grandes Ligas.

Integré en 1994 el equipo Cuba para la XXXII Copa del Mundo efectuada en Nicaragua y en la final vencimos a Corea del Sur 6X1. Valle solo les permitió dos *hits* hasta la novena entrada cuando le sacaron la bola del parque. Nuevamente me incluyeron en el equipo Todos Estrellas junto a Antonio Pacheco, Omar Linares, Ermidelio Urrutia y Lourdes Gurriel. Fue un torneo de nivel, concentrado en Japón, Corea del Sur, Taipei de China y los anfitriones. El jugar con la estructura de muerte súbita desde la segunda fase dio un tono tenso al campeonato, pues aunque superiores no nos pudimos relajar con nadie.

43

GERMAN
MESA
CAMPO CORTO/
SHORTSTOP

Nació/Born - Cotorro, Ciudad Habana 12-5-67
Estatura/Height - 171 cm./5'7"
Peso/Weight - 70 kg./154 lb.
Batea/Bats - Derecho/Right
Lanza/Throws - Derecho/Right

Es el titular del campo corto en el equipo Cuba desde 1989, formando con Juan Padilla la mejor combinación de doble play. Integró el equipo cubano a los Juegos Olímpicos de Barcelona. Es un bateador de gran tacto.

Has been the starting shortstop on Cuba's team since 1989, coupling with Juan Padilla for the best double-play combination. Was part of the national team at Barcelona Olympic Games. Is a clever batter.

1993-94 INDUSTRIALES SERIE NACIONAL

AVE.	J/G	VB/AB	C/R	H	2B	3B	HR	CI/RBI	BR/SB	BB	SO
.214	40	145	29	31	6	0	6	12	10	22	19

CARRERA/CAREER SERIES NACIONAL Y SELECTIVA

AVE.	J/G	VB/AB	C/R	H	2B	3B	HR	CI/RBI	BR/SB	BB	SO
.284	759	2708	552	769	119	20	72	309	250	394	360

©1994 CUBADEPORTES, S.A.
GARCIA PHOTO LTD
Selecting
FCBA
IMPRESO EN CANADA
PRINTED IN CANADA

Jorge Luis Machado, «El dibujante de Guanajay», gran lanzador de los equipos Habana, Metropolitanos e Industriales fue compañero de cuarto de Germán por varios años:

> Para mí es el mejor torpedero de todos los tiempos. Jugué con él por varios años y lo vi hacer cosas increíbles. Yo era un lanzador de poca velocidad, pitcheaba bajito y me daban muchos *rollings* por lo que era una garantía tener a Germán y Padilla. Él era muy inteligente, a los

bateadores derechos se les cargaba para el hueco y a los zurdos hacia la almohadilla de segunda y casi siempre bateaban por donde él estaba.

Tengo excelente opinión sobre su persona. Te cuento que, en la Súper Selectiva de 1994, tenía un amigo que era torpedero, Armando Jiménez, me entendía muy bien con él y cuando yo lanzaba, Germán le daba chance para que jugara. Por ese tipo de cosas considero a Germán un muy buen compañero de equipo.

La ciudad argentina de Mar del Plata acogió en marzo de 1995 a la XII edición de los Juegos Panamericanos, aunque el béisbol se desarrolló en el estadio de Ezeiza, en Buenos Aires.

Aquella instalación deportiva tenía dimensiones fuera de lo común, pues entre el *home* y la cerca del jardín izquierdo la distancia era, nada menos, que, de 393 pies, mientras lo común oscila entre 330 y 335. Por si esto no fuera suficiente, entre el *home* y la cerca del jardín central la distancia se ampliaba hasta 485 pies.

Poster de Semana del baseball en Japón donde sale Germán, 1995

Estas desproporcionadas dimensiones impidieron que, por primera vez en la historia, no se conectara un jonrón que sobrepasara las cercas de ningún jardín. A pesar de esta inusual estructura del estadio, no tuvimos problemas para ganar el torneo. Ese terreno estaba en mal estado, era muy arenoso y el pie se te quedaba trabado al ir a buscar los *rollings*. Quizás lo más curioso de los Panamericanos fue que el líder de los jonroneros del evento no resultó un hombre de fuerza, sino uno bien rápido, Pepito Estrada quien acumuló dos cuadrangulares dentro del terreno. Posteriormente en agosto se llevó a cabo el torneo preolímpico en Edmonton, Canadá donde logramos fácilmente la clasificación a la Olimpiada de Atlanta. Además, se celebró en nuestro país la XII Copa Intercontinental, del 26 de octubre al 5 de noviembre de ese mismo año. Con tres batazos a las gradas, 12 ponches de Omar Luis y relevo de Lázaro Valle, vencimos a Japón 4 X 1 en la discusión del oro. Proseguía nuestra senda victoriosa internacionalmente.

66

Germán Mesa con algunos integrantes del equipo Cuba

EL QUE PERMANECE SERENO ES INVENCIBLE

«¿Por qué ganamos?
Porque olvidamos que era imposible tocar el cielo»

GERMÁN MESA

En los *playoffs* de la Serie Nacional 1995-1996, Industriales fue el que jugó mejor. Vencimos y convencimos, no creímos en favoritos. Nuestra victoria en ese campeonato fue el triunfo de los defensores de las causas perdidas, porque demostramos que no siempre gana el mejor en el papel y que a veces hay oportunidad para los dispuestos a no dejar de soñar. En Villa Clara sellamos la sorpresa, cuando los héroes de la semifinal fueron menos eficaces, aparecieron nuevos inspiradores en la disputa de la medalla de oro. Así como obreros que levantan ladrillo a ladrillo una gran obra, devolvimos la confianza a nuestros seguidores dudosos de la victoria sobre Pinar del Río, con un aplastante marcador de cuatro juegos a cero. Tabares se hizo grande y en el segundo partido del *playoff* empató un tenso encuentro, con resultado vital tras una victoria inicial de Villa Clara en el Sandino. Aquel batazo fue clave, igualó a siete anotaciones el partido, minutos después un doble mío y un *hit* empujador de Padilla, devolvieron el equilibrio a la serie. Lázaro Valle en el sexto desafío se echó el equipo encima después de más de un mes sin pichear y detuvo a la impresionante alineación villaclareña. Esta corona de Industriales demostró que cuando se juega con garra se vence. ¿Por qué ganamos? Porque olvidamos que era imposible tocar el cielo.

Carlos Tabares fue uno de los peloteros más espectaculares y certeros del béisbol cubano. Fue compañero de equipo de Germán por varios años:

> Es uno de los mejores jugadores que han pasado por el béisbol cubano. Realizó jugadas impresionantes. Tenía gran alcance y su nivel de ubicación en el campo era tremenda. Teníamos una jugada de toque de bola y robo

de tercera que doblábamos para *home* que hacíamos casi a la perfección. Para hacerla nos dábamos una seña y nadie se daba cuenta porque era de nosotros no del *coach*.

Preparábamos la estrategia de los juegos desde afuera. Analizábamos lo que íbamos a hacer en cada turno. Hacíamos el juego fácil y divertido. Tenía muy buena comunicación con Germán y Padilla. Con hombre en primera y *hit* al jardín central le tiraba la bola rápido a cualquiera de los dos para intentar sorprender al corredor.

Equipo Industriales Campeón, 1996

Luis Alberto González fue un estelar del *staff* de picheo del conjunto Industriales desde el extranjero nos comunicó sus impresiones sobre Germán:

«Fue uno de los mejores torpederos del béisbol cubano. Siempre estaba en la jugada y tenía mucha actitud. Muy seguro a la hora de realizar cualquier acción de juego. Jugué con él mucho tiempo, hasta en las provinciales en el municipio Cotorro. Siempre me ayudó y me transmitió su experiencia. Germán y Padilla se acercaban al *box* y me decían que obligara a los bateadores a batear *rolling* que ellos se ocupaban de lo demás. Recuerdo un juego de *playoff* muy tenso contra Pinar del Río en el que me dio mucho ánimo. Lancé 8 y un tercio y logré vencerlos 2 x 1. Nuestro equipo era muy unido, por eso pudimos ganar algunos campeonatos».

Posteriormente vino la preparación para la Olimpiada de Atlanta y cuando hicieron la reunión para la confección del equipo ni a Orlando Hernández ni a mí nos incluyeron. Me sorprendí porque había sido el titular por muchos años y había tenido buen rendimiento en la temporada. Sabíamos lo del hermano del Duque, pero eso ya había pasado y él había seguido saliendo con el equipo Cuba sin problemas. Otro que tampoco estaba era el cátcher Albertico Hernández, de Holguín.

Por mi inquietud por lo sucedido me reuní en la Ciudad Deportiva con nuestro jefe técnico en esa época, Miguel Valdés, y no me supo dar una respuesta convincente.

Acto seguido fui a ver a la gente de la Dirección Provincial de Deportes y tampoco tenían las razones de mi exclusión. Todo el mundo hacía como Poncio Pilatos, se lavaban las manos con mi situación. No sabía qué pasaba. No le di más importancia, bueno un equipo Cuba menos a integrar, pero iba a seguir jugando para mi provincia, que era mi prioridad, no ningún viaje al extranjero ni nada por el estilo, lo mío era jugar pelota y hacerlo bien donde quiera que fuese.

No me reuní con nadie más pues en todos lados me daban evasivas. Un día estaba entrenando en la Ciudad Deportiva con los Industriales y me llamaron unos compañeros para una reunión donde me explicaron lo que estaba ocurriendo. Una persona, un *scout* llamado Juan Ignacio Hernández Nodal, había venido a buscar peloteros juveniles en Sancti Spíritus y según ellos le encontraron algunos documentos de nosotros. Por supuesto esos documentos nunca los vi, ni yo conocía al tipo, lo había visto una vez y ni casi había hablado con él.

Su propuesta no me interesó nunca, yo sabía qué tratamiento llevaba ese tipo de persona y nunca le di entrada. Todos los peloteros del equipo Cuba estamos acostumbrados al asedio de los *scouts*, le puedes preguntar a cualquiera, a Linares, Pacheco, Kindelán, y te van a decir lo mismo que yo, que lo importante es no darles entrada. Yo estaba tranquilo porque el que no la debe no la teme, inclusive en el juicio llevado a cabo en el Tribunal Provincial Popular de la Habana un 28 de octubre y al que asistí en condición de testigo, me preguntaron si yo conocía a alguien en la sala.

No recordaba a nadie, tiré un paneo, recorrí el espacio con la mirada y ese señor levantó la mano y dije que lo había visto una vez y rechazado su propuesta. Nunca lo acusé de nada.

Se puso bien en claro mi situación y esa persona declaró que nunca había tenido contacto conmigo. Jamás entendí cómo esa persona tenía esos documentos, ese aspecto no quedó claro. Sobre mí recayó la sospecha de que iba a abandonar el país. Idea que nunca pasó, pasa o pasará por mi cabeza. También se reunieron con Orlando Hernández y Alberto Hernández, independientemente. Yo seguía sin entender.

Otros peloteros también fueron como testigos al juicio y todos coincidíamos en nuestras declaraciones que Nodal estaba intentando llevarse peloteros y él declaró que nosotros no habíamos aceptado ni teníamos nada que ver con sus intenciones de sacar peloteros.

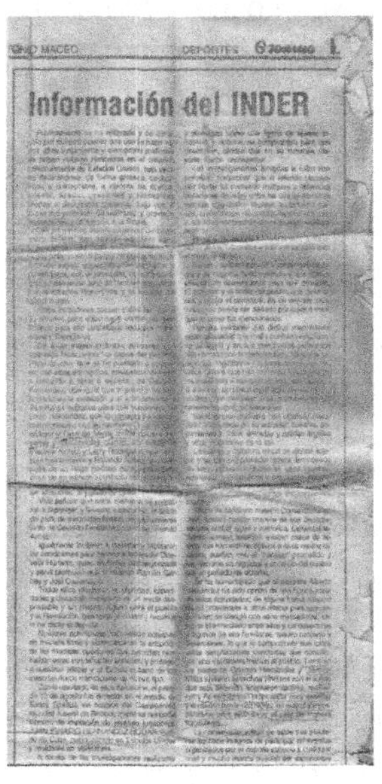

Nota de la supención en el periodico Granma, 29 de octubre de 1996

Seguidamente tuvimos una reunión en la Comisión Nacional de Béisbol y al final nos suspendieron del béisbol de por vida a Orlando, Alberto y a mí. Una sanción injusta, pero mantuve la ecuanimidad. Fue una situación difícil, pero más duro para mí fue perder a mis padres y lo pude soportar, así que, a seguir para delante, no me convencieron, pero lo pude soportar. Imagínate lo que fue para mí el no poder jugar más pelota, perdí el sentido de mi vida. Me propuse demostrar que conmigo se habían equivocado, que yo nunca había fallado, que no tenían la razón, la verdad no se puede derrotar. Con la verdad no se puede. De todo lo que me estaban acusando yo era inocente. Cuando las cosas se ponen difíciles el que permanece sereno es invencible. Fue una idea descabellada pensar que yo iba a abandonar Cuba, de esa manera, si yo estaba viajando todos los años y lo hubiera podido hacer en cualquier momento.

Te relato las cosas tal y como fueron. Se han manejado muchas versiones que no son ciertas. Se ha denigrado mi persona. Nunca me he manifestado, no les he seguido el juego ni me preocupa lo que piensen. Para nadie es un secreto que Orlando «El Duque» Hernández y yo éramos grandes amigos. Era mi compañero de cuarto cuando jugábamos fuera. Lo sigo considerando mi amigo. No existe en mi ningún pensamiento mezquino hacia él.

Nosotros nos visitábamos con frecuencia. Su hermano ya se había ido y un día casualmente voy a su casa con mi esposa. Por ese entonces él vivía por Boyeros cerca del aeropuerto. Al rato llegó un señor que le traía algo de Livan y que yo no conocía. Ellos se pusieron a conversar, yo ajeno a todo. De buenas a primeras ese señor me preguntó si yo estaba interesado en irme para jugar en Grandes Ligas. No me gustó aquello, no me interesó para nada su propuesta y me marché con mi esposa. No le di mucha importancia al suceso. Después me enteré que esa persona se llamaba Juan Ignacio Hernández Nodal y que era cazador de talentos de Grandes Ligas y primo de Joe Cubas, agente de varios peloteros.

Al final Hernández Nodal fue condenado a 15 años de cárcel por cargos de procedimientos ilegales de migración y confabulación para ayudar a peloteros a desertar. Cumplió 13 años y medio.

COVER REPORT

Excommunicated talent

Great shortstop is a victim of his country's controls

Sports talk always turns to baseball

Callers complain, yet love the game

By Milton Jamail

Nota de la suspención en la prensa norteamericana, 29 de enero de 1997

A pesar de todo nunca paré de entrenar y continué mi vida normalmente. Tiré el *plug* a tierra y no cogí mucha lucha pues la justicia se abre camino sola, como al final ocurrió. No seguí la Olimpiada, estaba muy dolido. Al final todo se arregló, de una forma u otra, pero se arregló. Este proceso me ayudó a conocer al hombre, quiénes eran mis verdaderos amigos. Fue una gran experiencia, era muy joven y me ayudó a valorar las cosas positivas de la vida. No te miento, mi vida sufrió tremenda afectación. Mi familia sufrió mucho, me di cuenta cuánto me quieren mis hermanas, quienes siempre estuvieron ahí para apoyarme.

No cambié mi forma de ser, continué siendo el mismo con la gente, con el pueblo y con mis compañeros pues ellos siempre creyeron en mí. Mi mamá me lo decía, *«lo que sucede conviene, ahora lo que tienes que prepararte más duro y ser mejor que antes»*. Comencé a trabajar con niños pequeños a los que le enseñaba los fundamentos del beisbol. El tiempo pasó, hice una reclamación formal de mi caso, hubo gente muy buena que me apoyó, mis amigos del barrio, entre ellos Alejandro «El Peluza» Téllez Díaz, también Guillermo Guerra, director del Instituto de Nefrología, Pastor Rivero y Juan Padilla.

En los malos momentos varios amigos me abandonaron, pero surgieron otros que me ayudaron y brindaron su apoyo incondicional. Otra de las cosas que me ayudaron a soportar todo esto, fue el apoyo de la gente, pues por donde quiera que yo me moviera, ahí estaban personas dándome ánimo. El pueblo, con sus muestras de cariño sincero, no se equivoca y no me dio la espalda.

Nunca perdí las esperanzas de volver a jugar pelota, pues siempre he creído en la justicia. Nos sancionaron de por vida y los dirigentes de Ciudad de la Habana no nos defendieron. No fue justo con nosotros. Fuimos víctimas de una circunstancia. Me enteré de la sanción por mi esposa que cuando salió para el trabajo, ella laboraba en el Banco Nacional de Cuba, las personas que lo habían leído en el periódico se lo dijeron. Ella regresó muy alarmada a contarme. Fueron momentos muy duros de mi vida. Mi familia sufrió mucho, fue algo muy tenebroso, pero mantuve mi cabeza en alto. Mi moral estaba más en alto que toda la injustica que habían cometido con nosotros.

Sentí mucha vergüenza por todo lo que se habló. Me fui con mi verdad. No me equivoqué, se equivocaron los que están aquí y los que están allá que no fueron honestos. Fue una infamia y quisieron desacreditar mi persona. Varios pensaron que me iba ir del país, pero no quise abandonar a mi familia ni darle la razón a aquellos que me atacaron. Cuando el Duque se fue lo sentí como si un hermano se hubiera ido y le deseé lo mejor. Fue su decisión.

Hice como los monjes volví a la montaña y la montaña era mi Cuatro Caminos donde estaba mi familia que me apoyaba. Me fui al Cotorro a trabajar en la base con muchachos de secundaria. Regino O'Farrill, hijo de mi primer entrenador del mismo nombre, se portó muy bien conmigo. Lo llamaron y le dijeron que no me podía seguir pagando. Él se mantuvo firme y no me dio la espalda. Tuvo una postura positiva.

Nunca dejé de entrenar. No pensé que iba a regresar al beisbol, pero reclamé mi sanción por las vías legales. Me reuní con las altas instancias del gobierno, les conté todo lo sucedido, las autoridades reconocieron que se hizo un mal trabajo y revaluaron mi caso.

El 27 de marzo de 1998 el periódico *Granma* publicó que Eduardo Paret y yo habíamos sido liberados de nuestras sanciones así que comencé a prepararme para jugar en la Provincial por el Cotorro. Tuve buen rendimiento e integré el equipo Industriales. Jugar la provincial de 1998, no fue problema para mí porque estando en el equipo Cuba siempre ayudé al equipo de mi municipio. Eso me facilitó el ir entrando en forma. Regresé con Guillermo Carmona como director.

Muy emotiva fue la inauguración de la Serie Nacional 1998-1999 el 18 de octubre, el día de mi regreso. El estadio Latinoamericano se repletó, cuando salí lo primero que hice fue inclinarme y besar el terreno, el campo de mis sueños. Todos mis compañeros y los miembros del equipo Pinar del Río con los que jugábamos ese día salieron a felicitarme. Uno no puede abrazar el pasado, porque si no, con qué manos vas a recibir el futuro, aprendí a borrar el pasado, no me detuve en el tiempo, dejé que las cosas pasaran. Porque si no pasas página el resentimiento no te deja vivir. Preferí pensar en lo positivo y dejar a un lado lo negativo de mi situación. En esa Serie Nacional disparé mi *hit* mil contra el zurdo Rember Abella en el estadio Nguyen Van Troi de Guantánamo, el 3 de febrero de 1999.

Guillermo Carmona fue la tercera base de los Metropolitanos la temporada del debut de Germán. Años después el béisbol los volvería a unir en un momento importante, el regreso de Mesa tras su sanción, esa vez Carmona ocupando el puesto de director de los azules de la capital, función que cumple en el momento de estas declaraciones:

Era un atleta muy bajito y menudito. Venía de las filas de los juveniles con mucho talento. Pancho Valdés, un entrenador que había en La Habana y que seguía a las nuevas figuras se lo recomendó a Pedro Chávez como un gran prospecto.

Lo dirigí cuando regresó de la sanción. Recibió una gran acogida de parte del equipo. Creo ese fue el momento más difícil de su carrera, se le notaba muy nervioso y presionado pues era un jugador que el público seguía mucho. No llegó en las mejores condiciones físicas. Fue mejorando poco a poco porque Germán ya era Germán. Su maestría se mantenía intacta y le dolió no poder integrar el equipo Cuba que se enfrentó a los Orioles de Baltimore.

Un día en Holguín el terreno estaba malísimo y a Germán no le fue bien a la defensa. Estaba picheando Adrian «El Duquesito» Hernández y no reaccionó de la mejor manera. Germán aun no había cogido el ritmo óptimo. Hubo una situación desagradable y el árbitro cienfueguero Raúl Hernández Moreno botó del juego a «El Duquesito» porque entendió que fue una falta de respeto hacia Germán. Pero la sangre no llegó al río. Fue un mal entendido. Ellos conversaron días después y todo se solucionó.

En los *playoffs* de ese año se hizo el cambio para el bate de madera, pues volvería a ser el oficial en las competiciones internacionales. Ese cambio para mí fue positivo, porque siempre utilicé el bate de madera en los entrenamientos, incluso en el equipo nacional tenía ese hábito.

Para poder batear con madera uno debe realizar muy buena técnica de bateo, si no, partes el bate, tienes que ver bien el agarre, focalizar mejor el *swing*, porque con el de aluminio la gente puede darle a la bola con fortaleza haciendo cualquier *swing*. Bates de aluminio en mi vida he visto partir dos, así que el por ciento es mínimo. Con el madero tenía que hacer mejor la técnica porque como no era ese hombre corpulento, jonronero como los Linares, Pachecos y Kindelanes, no tenía esa gran fuerza, por tanto, tenía que buscar recursos, mejorar mi *swing*, la velocidad de mis brazos y mi técnica en el cajón de bateo. Por eso era que bateaba con madera en las prácticas. Tenía que hacerlo sistemático para después coger el aluminio. Así que cuando hicieron el cambio, no me sentí extraño, ya estaba adaptado.

En el tiempo que estuve fuera analicé muchísimas cosas de mi carrera que tenía que mejorar. Cuando regresé de la sanción cambié mi pose en el cajón de bateo. Antes metía el pie para arriba de *home* y lo abría a la hora de hacer el *swing*. Las bolas afuera me hacían daño. Entonces perfeccioné la mecánica y asumí la pose abierta con el pie afuera y lo encimaba cuando venía el lanzamiento. Es decir, me acercaba más a la zona de percusión. Me ayudó mucho el observar a Jesús «Chucho» Ruiz, un *short stop* que tenía Guantánamo. Otro de mis métodos era que para practicar fildeo yo me buscaba una bola de tres picos, que le decían bola loca, que la pelota pica y va para cualquier lugar, así practicaba mis reflejos. Me fortalecí con pesas y ejercicios con fuerza para poder darle más duro a la bola. Tenía buena velocidad y buena técnica en el *swing*, que ahí es donde radica el secreto. No era un *slugger* pero pude dar más de 100 jonrones en series nacionales.

Por ese tiempo se llevaron a cabo los juegos contra los Orioles de Baltimore, equipo de las Grandes Ligas. Al primer enfrentamiento celebrado en La Habana no asistieron los jugadores de los equipos Industriales y Santiago de Cuba inmersos en el *playoff* final, pero no sé por qué no fui incluido en el equipo al segundo enfrentamiento llevado a cabo en tierras norte-ñas, a pesar de mi buen desempeño en la pre selección. Quizás fue por la duda, la desconfianza, y nuevamente me propuse demostrarles que estaban equivocados.

Es imposible querer tapar el sol con un dedo, pues mi rendimiento y actitud demostraban que yo debía estar nuevamente en el conjunto nacional. No me interesaba lo que pensaban, si tú no tienes confianza en mí no es mi problema, yo sí tengo que tener autoconfianza y sabía que poseía las condiciones idóneas para integrar el equipo. Creo que la duda era grande por lo que pudiera pasar, porque mi regreso estaba muy reciente. Me contaron que cuando el equipo llegó allá muchos preguntaron por mí. Después tuve la satisfacción de que Alfonso Urquiola, manager de ese elenco, me confesara que siempre me hubiera querido tener en su equipo.

Remigio Leal fue un destacado lanzador pinareño. Multifacético, se desempeñó como abridor y relevista. Es considerado el pitcher cubano más longevo de todos los tiempos pues a sus cincuenta y siete años se mantiene lanzando en la División de Honor de la Liga Española:

Hablar de Germán Mesa es hablar de una leyenda del campo corto. Poseedor de un buen brazo, hábil en su desplazamiento siempre se anticipaba a la jugada. Tuve el placer de lanzarle y era una lucha titánica que un día ganaba él y otro yo.

Estando en la pre selección del equipo Cuba para los Panamericanos de Winnipeg, jugué suelto, pues nos estábamos eliminando, la cosa estaba difícil porque había otros jugadores de tremenda calidad. En el *meeting* se lo dije al manager de mi grupo, Carlos Martí, que iba a jugar sin señas para ganarme el puesto. Me enfrenté a los mejores pitchers y estuve bien pues me encontraba en excelente forma, di todo en el terreno, hasta le robé 5 bases a mi amigo Manrique. Para eso son las pre selecciones, para que la gente se gane el puesto, los peloteros de mi tiempo deben ser ejemplo para los jugadores de hoy en día, los cuales a veces en circunstancias determinadas no se entregan al máximo.

Germán en los Panamericanos de Winnipeg

Finalmente logré regresar al equipo nacional. Íbamos a un torneo difícil, los Panamericanos de Winnipeg, que a la vez eran clasificatorios para la Olimpiada. Varios equipos se prepararon bien y contaban con jugadores profesionales de alta calidad. Pacheco se lesionó y Padilla tuvo que jugar regular. Impresionamos con nuestra combinación. Ganamos gracias a un dramático jonrón de Linares, obtuvimos la medalla de oro y la ansiada clasificación olímpica. Allá los *scouts* me hicieron otra propuesta que rechacé. Esos Panamericanos fueron de gran presión para nuestra delegación. En un juego un fanático se lanzó al terreno y la cosa se puso fea. Los peloteros que vimos allí se caracterizaron por su profesionalidad, tenían tremendo oficio, su estilo de juego es más clásico, saben exactamente a qué base tirar, cuándo correr para alcanzar una base más, rara vez cometían errores mentales, algo que veces nos falta.

Germán en jugada en home, Panamericanos de Winnipeg, 1999

En la serie nacional 99-00 tuve un promedio ofensivo de 316 y conecté mi jonrón número 100 ante el Camagüeyano Jorge Campillo en el estadio Latinoamericano el 7 de marzo del 2000. Otra gran felicidad para mí.
Entre los momentos más duros de mi carrera deportiva…bueno hasta de mi vida, se encuentra la lesión que sufrí en la rodilla derecha en el *playoff* de ese año contra Metropolitanos, fildeando un *rolling* de Enriquito Díaz para el hueco, han pasado los años y no puedo ver las imágenes. Ese fue el dolor físico más grande que he experimentado en mi vida, fue como una explosión interna, la rodilla se me viró para el otro lado. La lesión

fue muy grave, ruptura de ligamento, menisco, me llevé toda la rodilla, tuvieron que reconstruírmela quirúrgicamente.

Germán Mesa en jugada apretada en home, Panamericanos de Winnipeg, 1999

Tenía que acostarme boca abajo, el dolor era insoportable, la rodilla la tenía muy inflamada, casi del mismo grosor del muslo. El cirujano ortopédico Hugo Mirandés me operó muy bien, quiero agradecerle la atención que tuvo conmigo, su trato especial, vaya… que la rodilla me quedó mejor que la otra, pues me la repararon completa.

Antes de operarme tuve que prepararme, hacer mucho cuádriceps, bíceps femoral. El doctor Álvarez Cambras, una eminencia, me valoró y llevaron a cabo la operación en el Hospital Frank País. Quedé entero, a todos los que me atendieron allí les estaré inmensamente agradecido durante toda mi vida. Después vino la etapa de recuperación, de fisioterapia. Todos los días por la mañana venían a buscarme y me llevaban en silla de ruedas para el gimnasio a trabajar fuerte conmigo.

Mi rehabilitación se aceleró por el buen tratamiento. De la silla de ruedas cogí dos muletas, luego una y dos semanas después caminaba solo. Empecé a dar mis carreritas, mis trotecitos y me dieron el alta médica.

Germán es puesto out en home, Panamericanos de Winnipeg,

Ese *playoff* lo terminé de ver por televisión ingresado en el hospital. Fue algo muy conmovedor, porque todos mis compañeros de equipo se pusieron el número 11 en la gorra y fueron a verme deseando mi total recuperación. Venía la Olimpiada y yo quería participar, así que tan pronto pude me puse a coger *rollings*, primero de frente suave y después hacia los lados. Cuando llamaron a la gente para la pre selección, Servio Borges, que era el director, habló conmigo y me dijo que no me preocupara que yo estaba en el equipo, lo único que él quería era que yo me recuperara, pues me iban a necesitar. Imagínate ante tamaña confianza, no lo podía hacer quedar mal, tenía que dar lo mejor de mí y poner todo mi empeño en llegar al 100 por ciento a la Olimpiada. Iba poco a poco, fue un momento difícil porque yo veía a los demás corriendo y yo no podía correr, no tenía todavía la suficiente fuerza en la pierna, caminar levantando el muslo… qué va, ni saltar podía. Hay quienes se recuperan más rápido que otros, pero yo no contaba con mucho tiempo antes de la competencia. Tuve que hacer mi preparación aparte con una tristeza tremenda.

Aguanté dos o tres días, no podía hacer nada. Estábamos en la Villa Panamericana, ese día tocaba hacer ejercicios con las pesas, y yo sin hacer nada. Me fui apartando poco a poco y me dirigí a la habitación donde recogí mis cosas, las metí en el bolso y decidí marcharme. Pero cuando voy por el pasillo, veo que viene Verde y me pregunta — *¿Para donde tú vas? —Para mi casa —le respondí. ¿Por qué tú te vas? —volvió a la carga Rolando, y le dije, Que va, yo no puedo con esto, ni correr puedo. Ahí Verde se molestó: ¿Qué c... te pasa? ¡Vira para atrás! ¡Cómo te me vas a ir así! Arriba, deja las cosas en la habitación que te espero en la piscina.* Verde me hizo reaccionar, recapacité y fui para la piscina. Posteriormente se reunieron conmigo, liberaron a Rolando y lo pusieron a trabajar solamente conmigo. La verdad que le estoy súper agradecido a Verde, yo pude regresar gracias a él. Me preparó muy bien, me fortaleció completamente y volví a ser el mismo. La verdad es que Rolando Verde es tremendo preparador y ha tenido éxito con numerosos atletas, entre los que orgullosamente me encuentro. Después de los entrenamientos, tenía que ponerme hielo en la rodilla, porque siempre se me hinchaba y tuve que jugar con rodillera en las Olimpiadas.

80

Sobre la preparación para la Olimpiada, Rolando Verde nos comentó:

> Nuestra amistad se fortaleció en los entrenamientos para Sydney 2000. Germán venía de una operación por una lesión grave sufrida en la rodilla. No se sabía si podría jugar y los directivos estaban muy preocupados. Ese fue mi primer año como entrenador en el equipo Cuba, casi a la fuerza me hicieron preparador físico. Yo era entrenador de bateo y de los jugadores de cuadro del equipo Metropolitanos y por plantilla me pusieron como preparador físico para que Ronald Duarte pudiera viajar. Me avisaron cuatro días antes y tuve que mandarme a correr para estudiar en ese poco tiempo.
>
> Hice toda la preparación del equipo y cuando terminaba me dedicaba especialmente a Germán. Trabajamos horas extra y se dio el resultado. En su última temporada como jugador fui mediador entre él y Rey Vicente Anglada cuando las cosas se complicaban y la comunicación no

fluía. Pienso que Germán pudo haber jugado dos o tres temporadas más.

81

Germán en la olimpiada de Sydney, 2000

Sydney 2000 fue mi segunda experiencia olímpica. La derrota 4 x 0 ante Estados Unidos para discutir la medalla de oro, cayó como un verdadero diluvio de agua fría sobre nosotros. El protagonista principal resultó ser el tirador derecho Ben Sheets, considerado por el mentor Tom Lasorda la mejor carta de triunfo de su cuerpo de picheo. Ese 27 de septiembre no se me olvida. Sheets colgó escon tras escon hasta que el jardinero izquierdo Mike Neill realizó una sensacional atrapada para el out 27.

Creo que ese juego se perdió desde el *meeting*, cuando se anunció que iba a ser Pedro Luis Lazo y no José Ibar el lanzador abridor de la final. Ibar, uno de los mejores pitchers que tenía Cuba en ese momento, ya les había ganado a los americanos, con su bola de nudillos los tenía mareados. Lazo apenas había picheado en ese torneo porque había sufrido una lesión. Todos los jugadores pensamos que José era el indicado, pero bueno, fue una decisión de la dirección del equipo y salimos a luchar el partido, aunque yo sentí que el estado de ánimo del equipo había bajado, pero nosotros éramos guerreros.

82

Germán Mesa, Sydney, 2000

Germán Mesa, jugada de doble play, Sydney, 2000

Después de la derrota lo que yo quería era que la tierra me tragara. Se me aguaron los ojos en la formación para recibir la medalla de plata. Linares me brindó su apoyo y fuerza moral. Fue uno de los momentos más tristes de mi carrera, había que estar allí, en el lugar de nuestro equipo para saber qué cosa era aquello. No era sentimiento de culpa porque realmente habían jugado mejor que nosotros ese día, sino de tristeza, de vergüenza, de un compromiso acordado y no cumplido. Pasamos mucho tiempo trabajando por un objetivo que no pudimos alcanzar. Mi criterio es que el pitcher norteño estaba en su día y no nos hubiera podido ganar en otra oportunidad. Estoy seguro que nos lo vuelven a poner cinco veces más y no nos gana ninguna. A mejores que Ben Sheets les habíamos ganado. De ese equipo americano también me impresionó el cátcher, Pat Borders, experimentado en Grandes Ligas, con tremendo oficio e inteligencia a la hora de dirigir el picheo. Me molestó mucho perder con Lasorda, porque había hecho varias declaraciones contra Cuba, era autosuficiente y nos menospreció en varias oportunidades.

En el Campeonato Mundial de Taipei de China 2001, no abrí jugando el torneo, estaba en la banca, después de tanto tiempo como regular en el equipo nacional me sentía raro. Imagínate un torneo tan importante, no entendí el por qué fui sentado. Pero bueno en ese momento no era yo quien tenía que entenderlo, sin embargo, jugué y en los tres últimos desafíos, muerte súbita, semifinal y final, tuve una participación muy importante en el triunfo de mi equipo; en los dos primeros que te mencioné, íbamos perdiendo en el 7mo *inning* logré empatar el partido y en el último contra los americanos, con un *hit* empujé las dos carreras de ventaja y pudimos ser campeones mundiales. Tenía que darlo. No podíamos perder ese juego. Hice lo que tenía que hacer: no desesperarme y hacerle *swing* a un buen lanzamiento. La dirección del equipo confió en mí, a pesar de estar lesionado, y respondí. Fueron cuatro meses de trabajo duro que dieron su fruto dorado.

Germán Mesa en el Mundial de Taipei, 2001

La temporada siguiente, mi última como jugador en activo, surgió un fenómeno de la pelota cubana, Kendry Morales. Éramos cercanos, él se sentaba al lado mío en el *dogout* y usaba mis bates. Eso se ve en el documental «Fuera de Liga» de Ian Padrón. Kendry era compañero de cuarto de Javier Méndez y yo iba a su habitación a darle consejos. Desde el principio supe que iba a ser estrella. Le rompió varios records de novato a Omar Linares y muchos los compararon. No me gusta ese tipo de cosas, no tenían nada en común. Eran jugadores muy diferentes. Linares hacía todo bien en el terreno, jonrones, robaba bases, tocaba la bola, buenísimo a la defensa y jugaba todas las posiciones. Kendry, un gran prospecto que triunfó en Grandes Ligas. Que comparen a Yulieski Gurriel y a Omar lo veo más lógico.

Con Rey Vicente Anglada no pude jugar en Series Nacionales. Pero compartí con él en los juegos de veteranos. Fui muy feliz cuando me enteré que él asumiría la dirección del equipo Industriales para la temporada de 2001-2002, pues lo admiré desde siempre. Esa sería mi última y la jugué sin saber que mi carrera terminaría allí.

Me incorporé al entrenamiento en la Copa Antillana de Acero, pues habíamos terminado los torneos internacionales con fecha muy cercana al inicio de la preparación. Le pedí autorización a Anglada y fijamos la fecha de mi reincorporación. Soy una persona que me gusta andar solo, en esa época me concentraba mucho en mi carrera deportiva, en mi trabajo, no me gustaba andar con mis compañeros de equipo. Me quedaba en el albergue leyendo o viendo televisión. Incluso lo sigo haciendo, soy bastante casero, me gusta estudiar mucho. Lo hago con frecuencia. Cuando tú andas en grupo, no puedes leer porque las amistades siempre te están disociando. Eso no le agradó a la nueva dirección.

Cuando empezaba el juego de pelota, si me ponía para eso, si un compañero tenía algún problema, yo estaba siempre dispuesto a ayudarlo. Iba a su habitación lo atendía, cumplía mis funciones de capitán. Era confidente de muchos peloteros y por ayudar a varios me busqué problemas, pues era un líder positivo. A veces me planteaban cosas y yo se las comunicaba a la dirección, por supuesto siempre en buena forma. Por suerte ya yo tenía experiencia y sabía cómo tratar a las personas.

Anglada y yo siempre tuvimos buenas relaciones. Me llevaba muy bien con él, mejor que con muchos directores. Yo estaba muy contento, uno de mis ídolos me iba a dirigir, lo mismo había ocurrido cuando lo hizo Rodolfo Puente. Sin embargo, no me sentí bien bajo la dirección de Anglada. No estuve de acuerdo con su forma y métodos de dirección. No entendí su lenguaje, quizás fue muy áspero y no usó métodos pedagógicos conmigo. A veces la comunicación entre nosotros no fluyó bien. No entendió que por mis lesiones se me hinchaban las rodillas y debía viajar con un asiento libre al lado mío para estirar las piernas. Esa consideración se tomaba con los veteranos del equipo y del único de quien se habla es de mí. Con respecto a la última gira a Oriente, no participé porque realmente no tenía las rodillas en condiciones para jugar y se me prescribió reposo y bolsas de hielo. Se ha especulado mucho sobre eso en las redes.

Te voy a hacer una anécdota…el primer día que nosotros fuimos a viajar hacia Santiago de Cuba había toda una serie de jugadores que querían ir solos en un asiento del ómnibus, sin pensar que había compañeros que tenían que ir también con nosotros y yo dije: Bueno si todos quieren ir en la guagua en un asiento solos y vamos a acceder, necesitaríamos dos guaguas entonces, porque prácticamente todo el mundo quería un asiento solo. Eso te da una medida de que había jugadores muy buenos, pero con poco sentido de colectividad…

RETIRO

«Los hombres que estamos aquí
vamos a dejar el pellejo en el terreno.»

Germán Mesa

Al finalizar la temporada 2001-2002 me citaron en la Ciudad Deportiva y Humberto Rodríguez, en ese momento Presidente del Instituto Nacional de Deportes, Educación Física y Recreación (INDER), me comunicó que iban a prescindir de mis servicios y de otras figuras en el equipo nacional. Que podíamos seguir jugando pero que no íbamos a estar más en el Cuba. Tenían las variantes de mandarnos a Italia o Japón. Decidí por Japón porque me iban a pagar más. Jugué la Liga Industrial, torneo buen fuerte donde te encontrabas lanzadores de tremenda calidad que podían ser primeras figuras de cualquier equipo en la Serie Nacional. Estuve tres años por allá. No quise retirarme, pero fue decisión de los dirigentes y pienso que pude haber llegado a la otra Olimpiada.

Siempre quise jugar hasta los treinta y seis años de edad, a los treinta y cinco vino la señal, bueno a los treinta y cinco me voy y siempre he dicho me voy antes de que me vayan. No creo que la intención era sacarme… pero bueno… yo decidí ser profiláctico en ese caso y retirarme.

Orestes Kindelán nos comentó sobre el doloroso retiro:

> Después que ganamos el Mundial de 2001, Miguelito Valdés nos llamó y nos dijo que era preferible que nos retiráramos ganando. Mucha gente estaba comentando que habíamos triunfado con un asilo de ancianos. Nos retiramos para evitar problemas. Esas duras palabras nos dolieron mucho, pero fuimos a Japón y allá aprendimos muchas cosas que utilicé como entrenador de la segunda aplanadora santiaguera.

Luis Ulacia también aportó:

> Después del retiro me fui con Germán para Japón. Estuvimos un año impartiendo conferencias en varias escuelas y sucursales, él en la parte de la defensa y yo en la ofensiva. Después decidimos jugar en la Liga Industrial con el equipo Miki House de Osaka. Liga difícil porque es un escalón para llegar al profesionalismo en ese país.

De sus experiencias postretiro nos comenta nuestra estrella

Me gustaba lo que hacía y disfrutaba el juego diario. Mi retiro fue algo forzoso, me hubiese gustado haber estado dos temporadas más. El jugar en las Grandes Ligas es una meta que se pone cada jugador, hubiera querido hacerlo, pero representando a Cuba y con permiso del Instituto Nacional de Deportes, Educación Física y Recreación (INDER). Aunque no me quejo de nada, soy feliz con lo que hice.

Germán Mesa con Moisés Alou

Después de Japón trabajé junto a Julio Romero como *scout* en el equipo Cuba que participó en el Primer Clásico Mundial. Chequeábamos a los contrarios. Me ocupé del bateo y Julio del picheo. Hicimos un trabajo exhaustivo de los adversarios y entregábamos informes por escrito.

Nuestro equipo tuvo tremendo desempeño y siempre llegó a cada partido con una estrategia trazada de antemano. No me sorprendió el resultado. Esa medalla de plata supo a oro. Si hubiéramos abierto el juego con un lanzador zurdo, quizás hubiéramos sido campeones. Discutieron la final los dos equipos que más *teamwork* tenían. En ese momento eran los dos conjuntos que mejor jugaban en series cortas. Los jugadores de Grandes Ligas están acostumbrados a temporadas largas de 162 juegos y no a torneos de pocos días. Ahora no ganamos porque los demás equipos ya se preparan para competencias cortas.

La clave del triunfo es jugar como equipo, que cada jugador sepa la función que cumple en el terreno. Por eso llegaron a la final Cuba y Japón, fueron los equipos que tuvieron mayor cohesión, los que adelantaban un corredor cuando había que hacerlo. Mientras los jugadores no sepan qué función tienen en un equipo de pelota se estará condenado al fracaso.

Un ejemplo claro que te pongo: Santiago, en la época de la aplanadora, allí todo el mundo sabía cuál era su función, los jugadores tenían que moverse alrededor de Pacheco, Kindelán, Pierre y Fausto, ellos eran los que empujaban carreras, los otros no querían empujarlas sino embasarse para ser impulsados.

Los tiempos cambiaron y se adaptaron al sistema y juegan mas acoplados. También el equipo nuestro perdió muchas figuras que abandonaron el país. Los jugadores tienen que quemar etapas y a veces un juvenil tiene que suplir a un talento que se fue a jugar a otra liga. Debemos mejorar la conformación del equipo. Tiene que ser un grupo funcional. En mi época teníamos los que tocaban la bola y los que daban jonrón. Lanzadores que cumplían las funciones de abridor y otros de relevista.

No creo en un equipo unificado porque quien garantiza que las figuras que están afuera vengan a entregarse y estén en buena forma. No es lo mismo participar que competir. Un ejemplo de entrega fue Yadir Drake, que vino de México y se entregó en cuerpo y alma a la causa de su equipo. Si con los que hay aquí logramos conformar un equipo decente, sin compromiso y con una buena preparación, creo que podemos hacer un buen papel. Ganar un campeonato no es fácil. Me quedo con los de aquí que juegan la Serie Nacional y tienen calidad.

Después del Clásico Mundial nos mandaron a Omar Linares, Rogelio García y a mí a trabajar a Panamá. Mi primera experiencia como director fue con los Indios de Veraguas. Los discipliné y alcanzamos el segundo lugar. Me sentí cómodo en esa función porque cuando jugaba era como un director dentro del campo y los managers hablaban mucho conmigo.

Omar Linares nos comenta sobre sus experiencias como entrenador:

> Comenzamos a trabajar juntos como instructores en Panamá con el equipo de Veraguas, Germán lo dirigió y terminamos en segundo lugar. Hicimos tremendo trabajo. Como director se involucraba en todos los aspectos del juego. Después fuimos para Industriales, el equipo que más peso tiene en nuestras series nacionales y logramos la corona en el 2010. Algo que no fue fácil, pero trabajamos duro y logramos el objetivo. También estuvimos en Nicaragua con el equipo de Rivas y ganamos la Serie Latinoamericana. Mesa tuvo muy buenos resultados porque se entrega a cabalidad donde quiera que lo pongan.

Víctor Olmos, pelotero panameño ya retirado fue pupilo de Germán:

> Un gran manager, instructor y pedagogo con una excelente personalidad. Sabía manejar el equipo. Lo tuvimos aquí con Rogelio García y Omar Linares que dejaron su huella en el béisbol panameño, para mí fue un orgullo compartir con todos ellos. Logramos el sub campeonato en el 2008 y no quedamos en 1er lugar porque tuvimos que enfrentarnos a varias situaciones un poco turbias en el juego final.

Cuando me retiré tenía interés por dirigir. Fui capitán de equipo y los mentores depositaban mucha confianza en mí. Después me deprimí por razones que no vienen al caso, pero te digo que siento gran motivación cuando tengo que desempeñar ese tipo de trabajo.

Lo de ser director de Industriales vino de manera inesperada. La decisión de los directivos resultó una sorpresa para mí. Acababa de regresar de

Panamá, imagínate como me quedé cuando me plantearon la tarea, justo en el momento en el que la actuación del equipo el año anterior no había sido destacada.

En esa empresa me acompañó Omar Linares, quien estuvo a mi lado, no solo como entrenador de bateo de Industriales, sino auxiliando a los defensores del cuadro. De igual modo recibí el aporte de Lázaro Valle, como preparador de los lanzadores en mi primer año como director de Industriales.

Antes de aceptar, me reuní con las figuras del equipo y les planteé mis condiciones de trabajo. Muchos habían jugado conmigo y aunque parezca contradictorio mi inserción no fue fácil debido a lo exigente y responsable que soy con el trabajo.

El equipo no clasificó ese primer año, se nos lesionaron muchos jugadores, menos Rudy, prácticamente todos los jugadores claves dentro de la alineación. Eso hizo que constantemente tuviéramos que subir de la Liga de Desarrollo a jóvenes que todavía no estaban aptos para desempeñarse al máximo nivel. Pese a todo, esos muchachos nos ayudaron a batallar hasta el final. Fallamos en los tres renglones de juego y el picheo no pudo recuperarse. Dejamos muchos corredores en base.

Como director fui dialéctico y exigente. Los cambios generan avances. Industriales lo requiere siempre. Mi línea fue el respeto por la disciplina, amor por la camiseta, profesionalidad en el juego, compañerismo y puntualidad, aspectos tan sagrados como el entrenamiento, unidad, conducta en el hotel y ómnibus.

De mis pupilos, quise confianza y capacidad ante cualquier problema, que me vieran como un padre. No deseaba a rezagados, solo a soldados de primera línea, aunque a veces uno debe ser tolerante.

Mis principales influencias como director vinieron de Pineda, Borges y Puente. Pineda era muy carismático, Servio, riguroso y disciplinado, Puente muy constante en el trabajo. Una escuela de directores impresionante.

Los tomé como ejemplo y llevé a cabo varios de sus métodos siempre partiendo de que la disciplina es la base de cualquier triunfo. Sin usar el látigo, pero siendo exigente. Los peloteros están en el terreno para jugar béisbol y el público asiste a los estadios a disfrutar del espectáculo. Ese es nuestro trabajo. El público viene a vernos y nos debemos a ellos. En 1989 yo tenía a mi hija mayor ingresada, pero el público no tenía la culpa de mi problema y mi deber era ir cada día al estadio a dar lo mejor de mí y tratar de poner a un lado mis problemas. Sobre ese tipo de sacrificio estoy hablando, porque el público nos sigue día a día y le debemos respeto y consideración por sobre todas las cosas. Reconozco que soy muy exigente conmigo mismo y con los demás, mi familia lo sabe, pero fue lo que aprendí desde chiquito y de esa manera con esa constancia fue que tuve resultados.

Un equipo no es solo un grupo de hombres en uniforme, sino una familia que tiene que mirar en la misma dirección, con un objetivo común. Industriales es además la cara del béisbol cubano y tiene que ser ejemplo. Quizás porque fui torpedero estoy convencido de que una buena defensa es también un buen ataque y el picheo, no solo el de Industriales, necesita de buenos defensores si quiere aspirar a ganar. En nuestro béisbol mucha gente quiere que todo el mundo sea cuarto bate y eso es imposible.

En mi primer año como manager de los Industriales, la inestabilidad en el box de los lanzadores como resultado del descontrol, enterró nuestras aspiraciones de clasificar. Un total de 496 bases por bolas fueron otorgadas por mis pitchers en toda la temporada, los que más dieron, con un promedio de 5,5 por juego. Cifras inaceptables si se aspira a ocupar puestos cimeros. También fueron líderes en *wild pitches* y 11 de ellos transfirieron a más bateadores de los que poncharon.

Germán Mesa y el autor en el estadio Latinoamericano

El béisbol es ingrato y olvidadizo, particularmente con los managers, siempre en el ojo del huracán si pierden y en el casi total anonimato cuando triunfan.

¿Por qué mis detractores no hablaron cuando ganamos el campeonato sin nada? Nadie me entrevistó, ni me dijeron que había hecho un buen trabajo. Además, me tildaron de loco por sacar a un lanzador sin casi experiencia en la final, pero yo tenía elementos a mi favor para hacerlo y no fue solo que lo puse, sino que tiró conmigo, todos los lanzamientos los mandamos del banco.

Germán como director de Industriales

No clasificamos el primer año que dirigí porque se me fueron doce peloteros durante la competencia: Yadel Martí, Yosmany Guerra, Yasser Gómez y Deinys Suárez, entre los más destacados. Aun así, estuvimos discutiendo hasta la última semana. Por suerte la liga de desarrollo se realizaba al unísono. Yo puse a Antonio González, el viejo *short stop* a dirigir el equipo Constructores, sucursal de nosotros y me tributó bastante. Al final lo tuve que dejar con once jugadores. Entre los que subí estuvo Yasmany Tomas, un joven con tremendas condiciones, buen bateador, con excelente brazo que hizo el equipo Cuba al tercer Clásico y llegó a Grandes Ligas con los Arizona Diamondbacks.

En la serie siguiente la 49, traje muchos jugadores jóvenes de los Metropolitanos, Joan Socarrás, Leugim Barroso, Brian Ruiz, Armando Rivero, Ernesto Bazo, Alexeis Chorot, Alexander Carrera y Roberto Rodríguez me aportaron mucho. Industriales subió su nivel de juego cuando Serguei Pérez disparó un jonrón con bases llenas contra el zurdo Raudel Lazo para dejar al campo a Pinar del Río y comenzar una barrida decisiva. Después Stayler Hernández conectó otro bambinazo crucial contra Dalier Hinojosa de Guantánamo.

Logramos clasificar y fuimos al *play off* contra Sancti Spíritus. Allí hubo una situación muy desagradable y años después se manejó que yo había mandado a Ernesto Bazo a tirarle un pelotazo a Yulieski Gurriel. Después se la arrimaron a Lisban Correa, él advirtió al árbitro, se la volvieron a tirar, reaccionó y le fue para arriba con un bate al lanzador. La policía se tiró para el terreno y hubo acusaciones fuertes. Tuve que defender a mis jugadores y a Correa lo sancionaron.

A Yulieski lo conozco desde niño y lo quiero como a un sobrino. Aprecio mucho a Lourdes y sería incapaz de mandarle a dar un bolazo a nadie. Ese no es mi estilo de juego ni mi forma de ser. Lo que no me gusta que me hagan no se lo hago a nadie. Sé que ahora tienen otra opinión de mí, pero están equivocados.

Esa situación negativa levantó al equipo y los vencimos. Después nos batimos con el Habana que nos dio un poco más de guerra por el gran pitcheo que tenía. El ánimo del equipo subió y discutimos la final con Villa Clara. Un clásico de nuestra pelota donde no salimos como favoritos. Ellos nos ganaron dos juegos allá, vinimos al Latino y nos llevamos dos de tres. La escena estaba lista para que nos fuéramos para Santa Clara perdiendo 3-2 el *play off*.

Recuerdo que el director del Hotel Hanabanilla me dijo que estábamos eliminados y le respondí que me guardara las habitaciones que nosotros regresábamos. Tuve que sacar a la periodista Julita Osendi del club house porque hizo algunos comentarios derrotistas. Así de seguro estaba del triunfo.

Comenzamos perdiendo el sexto juego 4 x 0, pero nos impusimos 8 x 5 y llegó el 31 de marzo de 2010, día del histórico séptimo partido. Esa épica batalla la ganamos 7 x 5 en extra *innings* y cumplí mi anhelo de ser campeón como director. Esta situación del juego ya la había soñado por lo tanto confié mucho en Yoan Socarrás y me dio muy buenos dividendos. Como manager lo más difícil para mí fue el decidir cuándo cambiar a los pitchers. Por eso me adentré en esa faceta del juego. Los dejaba hasta que alcanzaban su número efectivo de picheos y era valiente a la hora de sustituirlos.

Cuando Yandi Canto empató el juego no me amilané porque en la temporada regular me había pasado algo similar y Antonio González, *short stop* retirado, me aconsejó que nunca debía dar un juego por perdido, que habían empatado, no ganado. No dejé que bajara el ritmo del equipo. Armando Rivero, Stayler Hernández, Serguei Pérez y Yohandri Portal también tuvieron una destacada actuación en ese *play off*.

Stayler Hernández es uno de los jugadores emblemáticos de los Industriales de los últimos quince años. Bateador de la hora buena en más de una oportunidad decidió partidos siendo dirigido por Germán Mesa:

> Siempre hubo respeto y afinidad entre ambos. Aproveché al máximo las oportunidades que me dio. Tuve la suerte de llegar en momentos importantes y producir para el equipo. El cuerpo de dirección de ese año fue magnífico, Germán, Juan Bravo, Julio Romero y Rolando Verde hicieron un trabajo maravilloso y fuimos campeones.

Rolando Verde formó parte como entrenador de Industriales mientras Germán dirigió el conjunto:

> Cuando asumió la dirección del equipo Industriales fue a mi casa y me convenció para que trabajara con él. En su segundo año como dirigente, ocurrió el incidente desagradable en el *play off* contra Sancti Spíritus. Yo estaba con el allí como coach de banca. El equipo se recuperó de una manera increíble. En el séptimo juego de la final contra Villa Clara, Yandi Canto nos empató el juego con un jonrón y ahí vi como Germán no se amilanó, sacó su casta de vencedor, animó muchísimo a los muchachos del equipo y logramos el triunfo. Ese es otro de sus méritos.

Equipo Industriales Campeón, 2010

En mi último año hice todo lo que pude con los peloteros que tenía. Hubo muchos poquitos, la falta de oportunidad de los principales bateadores, las equivocaciones tácticas en acciones ofensivas, la inestabilidad en el rendimiento de los lanzadores, la inexperiencia de muchos de ellos, los errores a la defensa, este último detalle, uno de los más perjudiciales, me impidieron lograr el objetivo de repetir la corona. Además no llegó el batazo oportuno en varias ocasiones. Por ejemplo, en las 46 derrotas del conjunto, Urgellés solo impulsó dos veces el empate o la ventaja, y Malleta dio 27 jonrones en la temporada, pero empujó apenas al 19 por ciento de los hombres que tuvo en posición anotadora. En los momentos claves la querían meter en Vía Blanca, en vez de chocar la bola para traer al compañero. Los jugadores tienen que meterse en la cabeza que el béisbol es un deporte colectivo y que deben cumplir en cada momento con las exigencias del equipo. Tuvimos las lógicas ondulaciones de un combinado en un torneo largo, pero más allá del cansancio físico pasaron otras cosas que, aunque tú no quieras, te hacen bajar la guardia. Hubo ausencias que no estaban previstas en el área de los lanzadores, se produjeron en medio de la temporada y remediarlas nos costó mucho trabajo.

Tenía que utilizar, en el mejor de los casos, a dos o tres pitchers sin experiencia para relevar. Industriales no es para probar a nadie, pero desgraciadamente estas figuras quemaron etapas. Me criticaron que demoraba a los abridores, pero el problema estaba en que cuando los quitaba nos hacían 20 carreras. Fue nula la eficacia de los relevos y muchas veces fueron incapaces de detener las embestidas rivales. A veces daba la impresión de que estaban desprovistos de la elemental concentración a la hora de escalar la lomita. Tampoco puedo pasar por alto las constantes fallas defensivas que atentaron contra un buen resultado.

También se me fueron nueve jugadores importantes durante la competencia entre ellos Leugim Barroso, Brian Ruiz, Armando Rivero, Roberto Rodríguez y Alex Carrera. Hasta el chofer de la guagua tuvo intento de salida del país junto a otros peloteros. Finalmente, estuvimos hasta el último día para clasificar. Decidí no dirigir más a Industriales porque me dejaron solo con esa situación, pensaron de que por la forma de ser mía podía con todo, no vi gratitud de los directivos, me busqué muchísimos problemas, tuve que asumir cosas que no me tocaban y ya había hablado con el director Provincial de Deportes que después de cumplir mi compromiso de tres años, me iba a dirigir a Nicaragua. Aunque te confieso que si me hubieran apoyado hubiera seguido con Industriales.

Los directores son vilipendiados un día e ignorados otro, todo depende de una victoria o una derrota, por regla general no existen términos medios. Comandar un equipo resulta complejo, aunque algunos crean lo contrario. Enfrentas treinta y tantos caracteres, además de lidiar con sus respectivos problemas. La valentía debe ser la máxima de un director a la hora de tomar decisiones cruciales. Si considero la jugada como la indicada, adelante, al fin y al cabo, no se puede complacer a todos. Además, el buen entendimiento con los jugadores resulta imprescindible, respetar dos veces para que te respeten una.

Me gustaría dirigir nuevamente a Industriales, pero solo si se mejoran las condiciones de trabajo. Creo que puedo hacer una buena labor con los muchachos nuevos. Como directores los que más influyeron en mí fueron José Miguel Pineda por su sinceridad y conocimiento beisbolero, así como Servio Borges porque sabía implantar la disciplina.

Llegué a Nicaragua en el 2012 para dirigir los Tigres de Chinandega, acompañado por Omar Linares en funciones de entrenador de bateo. Logramos ser campeones. Allá no tenían metodología de trabajo y les insté a que todo lo llevaran por escrito. Fui como un padre para mis alumnos, los formé para el béisbol y su vida en general. Después de mi primer año en Nicaragua con los Tigres de

Chinandega me contrataron los Rojos del Águila de Veracruz de la Liga Mexicana de Beisbol. Fui junto a Omar para trabajar como coach de tercera y de banca. Tras varios desafíos sin resultados positivos despidieron al manager, el puertorriqueño Eddie Castro y terminé dirigiendo el equipo en los últimos siete juegos de los que gané seis. Yasiel Puig forma parte de ese equipo en estos momentos. En la temporada siguiente me incorporé a dirigir el cuerpo técnico de los Gigantes de Rivas en la edición de 2014-2015 y obtuvimos el segundo lugar, posición que repetí en 2016-2017. Logré el cetro de la liga con los Gigantes en 2015-2016 y el de la Serie Latinoamericana en su cuarta edición celebrada en Managua en 2016, dándole a los pinoleros su primera corona en el evento.

Germán y Omar Linares en Nicaragua

La clave del éxito radicó en la unidad del equipo, se vieron en el terreno como un solo individuo, hicieron el trabajo en una misma dirección. Ese equipo fue muy completo, porque reunió velocidad, poder y buen pitcheo.

Omar Obregón, joven nicaragüense jugador de cuadro, miembro del equipo nacional, estuvo en varios conjuntos dirigidos por Germán Mesa:

Fue una linda experiencia compartir con ese gran ser humano. Me dio muchos consejos, que luchara hasta el final, que me comportara como si todos fueran el último juego de mi carrera. Mesa es una leyenda viviente, lástima que no lo pude ver jugar pero por ahí están sus videos y fue algo fuera de serie.

Ramón Flores es un *centerfield* que firmó con la organización de los Bravos de Atlanta y jugó con la selección nacional de Nicaragua:

Lo conocí mientras jugué con Chinandega. Él vino con Omar Linares y la conexión que hicieron con el equipo fue muy solida. Nuestro conjunto fue superior cuando él dirigió. La incidencia de Germán en el juego fue muy notable porque estaba encima del conteo de los árbitros, sin discutir en un tono prepotente u ofensivo sino con picardía para que fueran mejor de lo que eran. Tuvimos una conexión instantánea porque yo me parezco a él en la forma explosiva de jugar. Siempre me habló de frente, haciendo contacto visual y con sinceridad y yo admiro eso en una persona. Muy profesional y serio, pero con aprecio hacia un atleta joven que está aprendiendo. Entrena a tu lado, corre contigo y te motiva a seguir adelante. Se convierte en un hermano consejero.
Es de esas personas que con su presencia te exige. Sabe bien lo que representa. No se le escapa ningún detalle del juego. Los mentores de ese nivel siempre aportan cosas positivas, mecánica de bateo, psicología de los lanzadores hacia los bateadores y habilidades defensivas. Llegaba el momento en que dejaba de ser manager y se convertía en un psicólogo deportivo. Ha sido el mejor director que he tenido.

Everth Cabrera es un destacado torpedero nicaragüense que se desempeñó varios años en las Grandes Ligas con los equipos Padres de San Diego y Orioles de Baltimore y que lideró la Liga Nacional en bases robadas en 2012:

Fue un súper guerrero en el beisbol. Lo estimo como un hermano. Es un súper caballero que me ayudó en mi recuperación. Le copié varios trucos que me fueron muy útiles. Supo aconsejarme mucho y tiene el nivel de un entrenador de Grandes Ligas. Como manager posee mucha dinámica y se lleva bien con los 25 peloteros. Fue duro cuando tuvo que ser duro y aflojó un poco cuando tuvo que hacerlo. No me alcanzan palabras de cosas positivas para con él. Como jugador creo que pudo haber ganado varios guantes de oro en Grandes Ligas. Lo incluyo en la lista de los 10 mejores de todos los tiempos en su posición.

Con los Gigantes de Rivas

Mark Joseph es un jardinero central nicaragüense que aún se mantiene en activo. Fue de los jugadores que más se acercó a Germán durante su etapa como director:

Es uno de los mejores managers que han venido a Nicaragua. Jugué para él en los Tigres Chinandega y los Gigantes de Rivas. Sabe cómo llegarles a los peloteros. Es un tremendo ser humano. Mis experiencias con él son muy buenas, me enseñó muchas cosas. Cuando atravieso algún mal momento lo llamo para pedirle consejo no solo sobre béisbol sino sobre la vida en general. Cuando me dice las cosas me llegan y lo entiendo de una manera cómoda. Desde el principio fuimos amigos pues compartimos el mismo número de camiseta 11, con la cual hizo historia «el mago» como es conocido el profesor en su amada Cuba.

El factor Germán Mesa fue importante para mí. El profesor me inculcó una mentalidad ganadora y nunca subestimar al contrario y mantener el ritmo. Siempre fue generoso con los esforzados y estricto con los soberbios. Su estrategia se basada en la disciplina y en la premiación del esfuerzo diario. En mis diez temporadas como jugador nunca he tenido un mejor director que Germán Mesa ya que logró una unidad tal en el equipo que me sentí como en familia. Nunca olvido su frase «Tu comida está en batear entre primera y segunda, no te desenfoques buscando jonrón». Siempre busco sus recomendaciones, soy parte del «Factor Mesa». Lo considero como un padre y me siento orgulloso de ser su pupilo.

Complacido de ser reconocido por sus atletas, «El Mago» continúa su relato.

En la liga nicaragüense la gerencia me preparó un equipo sin compromisos. Suplieron las necesidades del conjunto y escucharon todas mis propuestas. Preferí a los jugadores rápidos y habilidosos por encima de los jonroneros. Fabricaba las carreras con un toque de bola, un robo de base, un bateo y corrido o un *fly* sacrificio. Implanté mi juego en Nicaragua. Los profesionales juegan al batazo, pero yo quería ganar a toda costa. Entre mis alumnos se destacó el lanzador Jonathan Loaisiga quien es un relevista estrella de los Yankees de New York. Un muchachito bastante rebelde, pero con mucho ímpetu y ganas de aprender. Fue una gran revelación al emerger como abridor de calidad por lo que se le abrieron nuevamente las puertas del béisbol organizado.

Darrell Campbell es uno de los mejores jugadores del equipo nacional de Nicaragua. Germán también dejó huella en él.

> Lo conocí cuando estuve en los Gigantes de Rivas. Reconoció mi potencial y sacó lo mejor de ello. Siempre estaba atento a sus jugadores. Me enseñó a trabajar el doble pues en mi país no estamos acostumbrados a entrenar como se hace en Cuba y él nos enseñó eso. Antes de comenzar un juego decisivo me dijo que yo era el líder del equipo y que llegaría el momento clave para decidir un campeonato, eso mismo ocurrió y obtuvimos el resultado gracias a que me preparó psicológicamente. Es uno de los mejores directores que han pasado por acá.

Dwight Britton es un destacado pelotero nicaragüense que estuvo bajo las ordenes de Germán Mesa:

> Aprendí mucho con él. Me ayudó a la hora de estudiar al pitcher contrario. Gran mentor que no le tenía miedo al fracaso. No se amilanaba en los momentos tensos del juego. Siempre con ese enfoque inteligente movía sus fichas acertadamente. Su característica principal es la disciplina, se ganó el respeto de todos por su gran trabajo dentro y fuera del campo.

Pero su labor no terminó en Nicaragua…

Me asignaron la dirección del conjunto de El Salvador en agosto de 2017. Participamos en los Juegos Centroamericanos celebrados en Managua ese año y obtuvimos la medalla de bronce. Conmigo estuvieron el mayabequense Javier Gálvez, otrora lanzador de Series Nacionales y entrenador de pitcheo de selecciones nacionales, así como el capitalino Ricardo Eizmendiz, conocido por sus años como coach y preparador físico de Industriales. Constatamos que el talento existe en esa nación de poca tradición beisbolera. Nuestro objetivo fue desarrollar a los jóvenes por lo que enfocamos el trabajo en el aspecto psicológico y en fortalecer las potencialidades de nuestros jugadores.

Después de comandar el equipo de béisbol de El Salvador regresé a dirigir los Gigantes de Rivas. En el 2019 fui a México a trabajar en una academia en el Distrito Federal. Allí cumplí el sueño de trabajar con mi maestro Augusto Fonseca, quien estaba al frente del proyecto. Mi gran profesor, una enciclopedia beisbolera viviente. Entrené a dos jóvenes jugadores de cuadro, Frank Ávila y Mario Cabrera. Posteriormente vino la pandemia de la Covid-19 y hasta el día de hoy he estado apoyando como comisario técnico en la Serie Nacional.

Germán en El Salvador con Ricardo Eizmendiz y Javier Gálvez

SACRIFICIO, ANTE TODO

«Lo que afecta al béisbol cubano es lo externo,
en el terreno hay talento»

GERMÁN MESA

Mis padres hicieron mucho por mí y por suerte pude retribuirles en vida. Constantemente les pedía sus consejos sabios. Fuimos siete hermanos muy unidos, tres han fallecido, pero siempre los recuerdo. Como soy el más chiquito de todos, me protegían y malcriaban bastante. Otra de las personas que siempre me apoyó fue mi tía materna, Cecilia Fresneda que todos los días se preocupaba porque yo estuviera bien alimentado para poder rendir en los entrenamientos y competencias. En mi casa, mi familia, la gente de confianza me conocen por el apodo de Ibe, nadie me dice Germán.

Tengo cuatro hijos: Yoena Mesa Cáceres, nacida el 25 de abril de 1989, el varón mayor, Germán Mesa Cáceres, nacido el 13 de diciembre de 1991. Ellos me dieron tres nietas preciosas que me adoran. Los de mi matrimonio actual con Mayelin, Germán Mesa Miranda, que vino al mundo el 9 de marzo del 2001, este jugó pelota organizada hasta la categoría 15-16 pero sufrió dos accidentes graves y decidimos que dejara el deporte y la hembra Mayelin Belinda Mesa Miranda, nacida el 31 de agosto de 2006. Llevo más de veintisiete años con mi esposa y somos muy felices. Soy como Santo Tomás, ver para creer, no profeso ninguna religión, pero las respeto todas, pienso que existe algo más allá y de alguna manera soy creyente. En la escuela era muy buen alumno. Sacaba buenas notas, nunca suspendía, aunque era muy intranquilo, me escapaba para jugar con otros muchachos, pero mi entrañable entrenador Augusto Fonseca y mi papá me enseñaron la importancia de la disciplina, el respeto y la decencia. Me gusta estudiar, leer mucho y escuchar música. Soy de compartir en familia, no me gustan las fiestas públicas ni las discotecas. Me gradué de profesor de Educación Física en 1987 y de Licenciado en Cultura Física varios años después. He cursado post grados y quiero finalizar una maestría en Dirección y Administración. Además he impartido conferencias a directores de equipos.

Aprecio a mi cuñado, Juan Miguel Horta, del que soy amigo desde niño, quien siempre me acompañaba a las competencias y a las pruebas que me hacían. Allá en Cuatro Caminos tengo unos vecinos de oro. Ese pedacito de mi pueblo siempre estuvo ahí para mí, cuando estoy mal, cada vez que tengo un problema, vuelvo allí, como los budas que siempre regresan a la montaña, pues esa es mi montaña.

Veo los juegos de béisbol por la televisión cuando son de *play off*, me gustan las Grandes Ligas, vi esos juegos importantes que pitcheó Orlando «El Duque» Hernández y José Ariel Contreras. Me gustan los Astros de Houston que tienen muchos latinos, Jose Altuve, Carlos Correa y Yulieski Gurriel. Ahora sigo a José «Candelita» Iglesias y a Aledmys Daíz, con quien coincidí cuando estuve en la Liga Mexicana y al que aconsejé que jugara suelto, que cuando se adaptara y volviera a ser el jugador que fue en Cuba lograría establecerse en las Mayores. Por tierras aztecas también conversé mucho con Joel «Pocholo» Galarraga que fue cátcher de Industriales.

106 Mis ídolos de joven fueron Rodolfo Puente y Víctor Mesa, Puente por lo equilibrado y Víctor por lo loco, yo quise ser una mezcla de ambos. También me gustaba mucho el estilo de juego del norteamericano Ozzie Smith. Ellos fueron los peloteros que más admiré en mi juventud. Recuerdo que una vez mi padre me llevó al estadio y salió una conexión de Muñoz por el campo corto, por donde estaba Puente y yo no me di cuenta en qué momento la bola llegó a primera base, me quedé perplejo por su habilidad de sacar la pelota del guante. Esto fue una de las cosas que me hicieron prestarle atención al beisbol. Como director también lo admiré, utilizaba la psicología para dirigir y me dio varias lecciones en cuestiones de caballerosidad y disciplina. Víctor era una fiesta en el terreno, a pesar de que era contrario mío, me encantaba verlo jugar, disfruté mucho sus locuras que en más de una ocasión salvaron juegos. Víctor como manager es otra cosa, porque tiene sobre su espalda una gran responsabilidad, ya no depende de él mismo, tiene que dirigir a veinte y cinco peloteros que quizás no son tan buenos como era él.

Ozzie Smith ha sido el torpedero que más me ha impresionado, me gustaba mucho su forma de jugar, similar a la mía, lo admiré mucho porque Ozzie se divertía y se entregaba a cabalidad en el terreno.

Ozzie Smith

Los tres entrenadores fundamentales en mi carrera fueron Regino O'Farril en mis inicios, Augusto Fonseca en la EIDE y Manuel González en los Metropolitanos, a ellos les debo haber sido el pelotero que fui.

La logística en estos tiempos no es la mejor. No hay implementos para trabajar. Los padres son los que tienen que asumir el costo de los trajes, los guantes, pelotas y bates de los niños. En mi tiempo cuando estaba en la EIDE había un stock de guantes. Terminabas de entrenar, llegabas a la cátedra y entregabas tus implementos. Lo que afecta al béisbol cubano es lo externo, en el terreno hay talento.

Era muy sacrificado, jugaba por el mero hecho de divertirme y hacer lo que me gusta. Por eso critico a algunos peloteros de hoy en día que cuando se les exigen resultados responden con que tienen muchos problemas y que por eso no rinden. El consejo que les doy es el siguiente: hagan las cosas, háganlas bien en el terreno, que la recompensa viene después, el reconocimiento siempre llega cuando es merecido. Tenía muchas ganas de jugar, en el terreno lo di todo, a veces las cosas no me salían bien pero el público que venía al estadio a verme tenía que salir convencido de que me entregué en el terreno de pelota. Cometí errores, eché a perder algunos juegos, pero con la intención de hacerlo bien.

El equipo Metropolitanos fue una escuela para mí. Comencé en él a los dieciséis años, muy jovencito, después cuando pasé para Industriales, se me cumplió el sueño, pasé en el momento indicado, pues antes no estaba listo y había otras figuras. Ya en los azules cuando jugaba contra los Metros les ponía el extra por eso de la rivalidad. Especialmente me le ensañaba Enriquito, porque él es tremendo robador de bases, cuando yo estaba en segunda le decía, *«en este lanzamiento me voy para tercera no se lo digas al pitcher»* y por supuesto el Kike se lo decía para que me cuidaran, se viraban, se me pegaban, lo mío era preocupar al lanzador y ayudar al bateador, además por la manera mía de adelantar hacia detrás me le alejaba al fildeador de la base y podía chequear mejor al intermedista. También le cogía bien el tiempo al movimiento del pitcher porque es al lanzador al que se le roba y no al cátcher.

Germán como entrenador del equipo Cuba

Industriales es la insignia del béisbol cubano. Hasta Víctor Mesa dijo que siempre quiso jugar con los azules. Todo el que estaba en Metropolitanos quería jugar con Industriales. El que diga lo contrario está mintiendo. Por eso se creaba una rivalidad intensa. Todo el mundo quería demostrar su calidad. Los integrantes de Metros jugaban para ganar y demostrar que también podían estar del lado de allá.

No soy muy bueno transmitiendo emociones. Te voy a decir algo decepcionante para varios. El béisbol no me gustaba en mi niñez. Prefería las artes marciales. Pero en mi casa todo el mundo era pelotero y lo que soy hoy también se lo agradezco a mi padre.

El reconocimiento que el pueblo beisbolero me profesa me lo gané con esfuerzo y sacrificio. Salir al terreno de juego todos los días fue un reto y un gran compromiso con mi gente.

De Juan Padilla, qué pudiera decirte, simplemente que el destino me lo quitó de pronto. Me dolió porque podía jugar varios años más, no fue un proceso como el mío, paulatino, sino de repente. Ese accidente, su salida del beisbol, me afectó mucho, lo sentí como en carne propia. Perdí a mi compañero de juego de toda la vida.

Por otra parte, Pacheco y yo teníamos relaciones magníficas, nos llevamos muy bien, excelente pelotero, tremenda segunda base, todo lo que logramos juntos fue gracias a esa compenetración que teníamos. En esas posiciones de juego la comunicación es fundamental. Nuestras relaciones dentro y fuera del terreno son perfectas. No tengo queja de él, todo es muy positivo entre nosotros.

Germán y Juan Padilla, Winnipeg, 1999

Pero Padilla dejó una huella bien grande en mí a pesar de que jugué con otros segundas bases muy buenos, pero con Juan Padilla fue como jugar conmigo mismo. Nos entendíamos a la perfección, no teníamos que hablarnos y ya sabíamos que quería uno del otro, que íbamos a hacer, donde teníamos que estar. Esa comunicación sin palabras era perfecta entre nosotros, nos complementamos al ciento por ciento.

Se nota el cariño que le profesa a su gran amigo Juan Padilla, cuyas palabras no podían faltar en este volumen. Estelar segunda base que junto a nuestro protagonista integró una de las mejores combinaciones de doble play del béisbol mundial. Las jugadas espectaculares entre ambos caracterizaron toda una época en la pelota cubana. A ambos se les extraña mucho en nuestros terrenos. Sus consideraciones son muy valiosas para este libro pues Germán y Juan Padilla Alfonzo hicieron historia… y la continúan haciendo.

La primera vez que jugué con Germán como combinación, yo estaba en la ESPA y él en la EIDE. Tendría yo dieciséis años de edad y Mesa catorce. Nos visitaba un equipo norteamericano de una universidad. Los mejores jugadores de nuestras escuelas se juntaron para llevar a cabo un tope amistoso en el estadio Latinoamericano. Ahí nos conocimos.

Comenzamos nuestra amistad cuando él pasó para Industriales, Germán es una maravillosa persona, muy positivo, desde que llegó al equipo siempre fue para adelante. El es como mi hermano, todas sus cosas las compartía conmigo cuando jugábamos.

Desde mi punto de vista ha sido el mejor torpedero de todos los tiempos en la pelota cubana. Por supuesto es el que más me ha impresionado de los que vi jugar. Jugué con otros muy, muy buenos, pero como Germán ninguno. Cuando él no jugaba se sentía que el rendimiento del equipo bajaba. Nosotros necesitábamos que Germán estuviera. Por sus cosas, era demás un buen bateador, de los momentos difíciles. Daba mucho ánimo, siempre estaba pensado en ganar el partido de beisbol. Eso es muy importante, no se desvinculaba del juego, cuando entraba al terreno, entraba en cuerpo y alma.

Fue un jugador muy inteligente, de momentos difíciles.

Si había que llegar, llegaba a primera, se robaba segunda, se robaba tercera, tremendo robador de bases. Formaba tremendo lío en el terreno, en el buen sentido de la palabra. Como combinación, de mirarnos ya sabíamos que iba a hacer el otro, ni hablábamos, nos comunicábamos con la mirada. Cuando salía el *rolling*, estábamos en el lugar indicado. Por eso jugábamos tan fácil, la comunicación, la amistad que teníamos era perfecta. No puede existir una buena combinación de doble play si no hay una comunicación perfecta. Si no existe una buena amistad, los jugadores se desempeñan individualmente. Nosotros conversábamos antes del partido y nos dejábamos claro que lo único que teníamos que hacer es coger la bola y tirarla para la base que el otro se ocupaba de lo demás. Que solo nos preocupáramos por fildearla y soltarla como quiera, que el otro compañero haría el resto. Ese nivel de confianza solo lo tuvimos entre nosotros, cuando jugábamos con otra combinación nunca era lo mismo. El *rolling* salía y yo fildeaba sin mirar a Germán y la tiraba para la base, confiado de que él iba a estar ahí. El tiempo pasó, nos hicimos mejores jugadores, adquirimos maestría deportiva y después el estadio nos quedaba chiquito. Salíamos al terreno a divertirnos, buscábamos la jugada espectacular, siempre estábamos deseosos de que se nos diera la oportunidad de jugar para la grada, para el estadio lleno, para que todo ese público se divirtiera.

Otras veces salíamos a meter el corazón, cuando el juego estaba apretado sí asegurábamos. Buscamos la vía más fácil de sacar el *out*. Muchas veces los *pitchers* lanzaban bajito para que saliera el batazo para doble play. Tenían tremenda confianza en nosotros. También se lo decíamos, que solo queríamos un *rolling*, que lo otro lo hacíamos nosotros. Cuando Lázaro de la Torre picheaba y salía el roletazo, él ni miraba, salía corriendo para el banco porque sabía que el doble play era seguro. Fíjate qué confianza, Valle también lo hacía, daban por terminada la jugada.

También la armonía en el equipo en general nos ayudaba. Germán era muy aglutinador. Tenía muy buena amistad con todos los jugadores y nos llevábamos bien. En el equipo Cuba sucedía lo mismo. El trabajaba con Pacheco y también tuvieron resultados. En los Panamericanos de Winnipeg 99 Antonio se lesionó y pudimos jugar juntos de manera regular. Ese torneo con Germán se enmarca entre mis mejores experiencias internacionales. Después él se lesionó y yo sufrí un accidente y no pudimos seguir juntos. Te cuento algo gracioso: Fuimos compañeros de cuarto en el equipo nacional por muchos años. Estábamos en la Olimpiada de Barcelona en 1992. Por la mañana nos levantamos cansados medio dormidos, imagínate, dos hombres juntos en un cuarto, la ropa regada por los rincones, me pongo la camisa de Germán, no me doy cuenta, él siempre ha sido un poco más flaquito que yo, y me digo, ¡Qué fuerte me he puesto! Me quedaba apretadita, y Germán se puso la camisa mía y me dice, tú estás engordando y yo estoy bajando de peso, esta me queda un poquito ancha también. Nos fuimos sin mirarnos ni nada. Cuando llegamos al terreno fue que la gente se dio cuenta y nos lo dijeron bonchando.

Recuerdo una jugada difícil en particular. Fue en un juego de día en un pueblecito de Holguín, sin televisión, ganábamos 4 a 3, el equipo local tenía las bases llenas con un *out* en la parte baja de la novena, el público esperando la victoria, y dieron una línea para el *center field*, Germán la capturó pasado y me la pasó por el aire de forma acrobática, me entraron duro en segunda, pero logramos el doble play y finalmente ganamos el encuentro. Fue muy bonito porque todo el público holguinero se puso de pie a aplaudirnos a pesar de la derrota de su equipo.

Cuando sancionaron a Germán, me sentí muy triste, porque fue una medida injusta. Creo que se le pudo dar otro tratamiento. Fue un malentendido, Germán ya estaba probado y después la vida le dio la razón. Él sufrió mucho. En ese momento conversamos y le dije que había que seguir para adelante, que seguía siendo su amigo. Que cada vez que uno necesitara del otro ahí estaríamos.

Esos dos años que Germán estuvo fuera, no me sentí igual, fueron muy difíciles, comencé a tener problemas pues la comunicación con los otros torpederos no fue la misma, los doble plays en el equipo mermaron. Afortunadamente se dieron cuenta del error que habían cometido con él y lo dejaron regresar. Ese día en el Latino me sentí muy feliz. El estadio repleto, lo abracé. Un momento inolvidable.

Creo que se fue muy pronto del beisbol, quizás pudo haber jugado unos años más. Después le dieron la tarea de dirigir a Industriales, una tarea complicada, y más si son los azules de la capital. Es muy duro, muchos factores, es muy difícil complacer a la afición. Ganó un campeonato y no estaban contentos, creo que pudo haber dirigido otro año más. Debieron darle otra oportunidad. Como director que soy, pienso que en el béisbol no hay jugadas malas ni buenas, es según como te salgan y así te valora la gente. Desde mi punto de vista Germán dirigió acertadamente. Recuerda que muchas cosas salieron mal, pero Germán no era el que fallaba a la hora buena, no era el que daba muchas bases por bolas, Germán no era quien cometía errores de fildeo, sino los peloteros de Industriales que estaba dirigiendo. Así que la culpa de muchas de las derrotas no fue de él. Daba orientaciones y no se cumplían. Después las cosas les salían mal a los jugadores. ¿Qué culpa tenia Germán? A ver, por qué cuando el dejó al lanzador en la final por inspiración propia nadie dijo nada, a porque cuando el manager gana nadie se acuerda de su buen trabajo. Al otro año no salieron las cosas como debían salir y mucha gente lo criticó.

Nosotros tuvimos muchos managers y todos con características diferentes, unos más calmados, otros más agresivos en su estilo de juego, nosotros jugábamos bien con cualquiera. No teníamos preferencia por ninguno. Siempre fuimos muy respetuosos con todos. Por eso la dirección nos respetaba también y se necesitaba de nosotros para el buen funcionamiento del equipo, jugábamos al tope de nuestras posibilidades, como lo hacían otros jugadores, Javier Méndez, Lázaro Vargas, entre otros. En el equipo Cuba hacíamos lo mismo. Dimos la vida en el terreno.

Juan Padilla, otra leyenda de la pelota cubana, visiblemente conmovido termina su testimonio acerca de su amigo Germán.

Cuando le comenté el motivo de la realización de este libro, el mítico número 17 de los Industriales no vaciló en brindarme su apoyo. Javier Méndez clasifica entre los mejores jardineros centrales del béisbol cubano. Su peculiar estilo de fildear, oportunidad al batear, calidad como pelotero y persona lo convirtieron en uno de los más admirados en nuestro país. Por todos esos aspectos y su cercanía personal a nuestro protagonista, sus palabras no podían faltar en este volumen.

Conozco a Germán desde hace muchos años. Recuerdo una vez que íbamos caminando para la Finca de los Monos, en La Habana, estábamos conversando los dos sobre beisbol, del futuro, que queríamos ser estrellas, imagínate estábamos en Metropolitanos y al principio cuando veía a Germán, me decía: Este muchacho tan menudito, yo pensaba que, con ese cuerpo, tan flaquito, le iba a ser difícil imponerse en la pelota. Había escuchado mucho sobre él cuando llegó a los Metros, pero nunca lo había visto jugar. A medida que fueron pasando los juegos, que fueron pasando los campeonatos, los años, vi como Germán Mesa comenzó a desarrollarse como pelotero.

Con unas habilidades innatas muy grandes. Muy rápido, muy inteligente a la hora de jugar pelota. Era muy buen robador de bases. Corredor magnífico, buen fildeador, se destacaba mucho por eso. Tremendas manos que siempre tuvo, y bueno, llego a convertirse, en lo que es, el ídolo que fue para la afición. Para mí, sin ninguna discusión, Germán Mesa es el mejor *short stop* que ha pasado por la pelota cubana.

Pienso que no ha existido algún otro con sus características. Es mi opinión personal, no vi jugar a otros, como Tony González y Rodolfo Puente, pero por supuesto la posibilidad de haber jugado con Germán, para mí es un orgullo y me llena de satisfacción decirlo. Vi muchas jugadas, fue partícipe de muchos engarces de Germán que no se grabaron porque no siempre estaba la televisión en los juegos nuestros, se perdieron imágenes que sí recuerdo porque las viví. Cada vez que hacía una jugada como esas, electrizaba, porque no pensabas que podía llegarle a un batazo de difíciles características y él lo hacía fácil, con elegancia, con una soltura increíble. Creo que eso lo destacó como un gran defensor, como un jugador de mucha calidad y un pelotero muy inteligente en el terreno de pelota.

Germán como persona es una gente muy callada, es tímido, así lo veo yo. Fue un gran hijo. Siente mucho cariño por su familia, por sus hijos. El haber nacido en cuna humilde contribuyó a su formación personal. Germán es una persona que, en los momentos difíciles, está ahí. Hubo momentos duros en que no me sentí a plena capacidad, necesité de alguien que me ayudara, que me diera una mano y en Germán encontré esa persona en varias ocasiones.

Él era el eslabón entre la dirección y nosotros los jugadores. Un capitán de equipo excelente. Cumplió su función a cabalidad.

Siempre estuvo de nuestro lado, se puso en el lugar del más afectado. Es una persona muy justa. Comprendía todas nuestras vicisitudes diarias e intentaba solventar los problemas. Estas son cosas que van creando una aureola de solidaridad con tus compañeros de equipo.

Como manager no tuve la posibilidad de estar bajo su pupila, no puedo opinar, pero me parece que logró una de las metas más añoradas que tiene un director que es ganar un campeonato con Industriales. Él lo logró y está en su historia, está en su curriculum, otro campeonato para el equipo Industriales.

Con Germán tengo una anécdota que me golpeó mucho, pero a la vez vi el lado sentimental, que todo atleta en un momento determinado no saca a relucir, y que sin embargo yo tuve la posibilidad de verlo. El día que perdimos en Sydney, yo era compañero de cuarto de Germán, y recuerdo que cuando nos encerramos en el cuarto, que ya había acabado todo, la tristeza era partícipe de todos nosotros, tuve la posibilidad de ver a Germán llorar de tristeza. Llorar, lo vi llorar y a mí también se me aguaron los ojos. No hayamos consuelo por nuestra derrota.

Eso me impactó mucho, ver ese lado humano de Germán Mesa. Aquel juego fue crucial, no pensábamos que se iba a perder, y verdaderamente apareció Ben Sheets y nos dominó. Nunca dudamos de la victoria, pero vimos que el juego avanzaba y se nos iban acabando las oportunidades. Solo le pudimos dar tres *hits*, y no sólidos, y teníamos bateadores de mucha calidad en ese equipo, Sheets picheó el juego de su vida. Salí de emergente en el 9no *inning*, Servio me dijo que tenía que embasarme y me puse en conteo, me lanzó dos bolas, después un *strike*, le di dos *fouls*, otra bola y en 3 y 2 me tiró un lanzamiento muy bueno, que no pude conectar y me ponché. El trayecto de *home* al banco, me pareció la distancia de La Habana a Santiago de Cuba, me parecía que nunca llegaba, quería en ese momento que la tierra me tragara y apareciera aquí en Cuba. Momento muy difícil para todos fue Sydney, de hecho, ese es el más triste de mi carrera.

Saco a relucir esto por Germán, que coincidentemente salí de emergente por él y me dio ánimo, con confianza de que se podía, como siempre, pero estaba muy bien ese lanzador. Fue un momento muy difícil para los dos.

Concluyó con tristeza el legendario número 17 de los equipos capitalinos.

Germán Mesa, siempre entregado

El amigo Andy Vargas, voz de los azules de la capital en la emisora COCO, fanático y admirado conocedor del béisbol me regaló sentidas palabras:

Sobre Germán Mesa Fresneda, «el doctor honoris causa del campo corto cubano», pudiera estar toda la tarde hablando, yo no sé como Regino O´Farrill, el activista del Cotorro logró sacarlo de su casa siendo un niño, porque

Germán después del guante del campo corto lo que más ama en su vida es su casa, a sus padres, lamentablemente fallecidos y a sus hijos. Germán es un hombre de su hogar, buen padre, buen esposo y buen amigo.

He conversado con grandes torpederos cubanos, con Jova, con Puente, con Tony González, y me han dicho que no se molestan porque le llame «el doctor honoris causa del campo corto cubano» porque ellos se quitan la gorra, más que el sombrero ante Germán Mesa, los mismos protagonistas de su posición concuerdan conmigo. Germán es uno de los mejores, y no solo de Cuba, sino del mundo. Por delante del Imán Mesa, no veo a nadie, comparable a Ozzie Smith. El querido Armando Fernández Lima lo bautizó como Germán «El Imán» Mesa, porque parecía que los roletazos lo buscaban a él, en vez de él perseguirlos. También lo de «Mago Mesa», calificativo doblemente ganado, por sus espectaculares atrapadas en el terreno de juego y te cuento algo que poca gente sabe, Germán hace magia con cartas y monedas.

A pesar de su fama, Germán es un cubano común y corriente, lo quiero como un hermano, disfruta del buen habano cubano, le encanta cocinar, es tremendo chef.

Como director, no pudo clasificar en su debut en la serie 48 por diversos factores que atentaron contra el equipo, al año siguiente se llevó el playoff más espectacular que he visto en mi vida, va a ser difícil que se repitan esos juegos tan peleados, en la 50, por bajo rendimiento de atletas claves no pudo reeditar su actuación en la defensa del título. Confié que regresaba en la 51 pero Germán me confesó que otros compromisos de trabajo lo requerían y por tanto daría paso a otro compañero en la dirección de la nave azul.

Jugó con el número 11, el primer 1 es porque eso era él en el mundo y el segundo 1 para recodárselo a aquellos que se les pudiera olvidar. Muchos torpederos llevan el 11 hoy en día, y por eso digo al que buen número se arrima, un buen guante lo cobija.

Recuerdas aquel *playoff* Industriales-Metropolitanos en que los rojos comenzaron arriba 2 juegos a 0, con otra victoria se lo llevaban y Germán en la Villa Panamericana me confesó que ganaban ese sábado y que los Metros no iban a ganar el *playoff*. Él se lesionó ese día, pero Wilber de Armas, su sustituto, no lo hizo quedar mal.

Son numerosos sus logros y sus momentos felices, pero también ha tenido instantes grises, la mayor infelicidad en la vida de Germán fue cuando en 1996 lo apartaron injustamente del beisbol, le achacaron cosas con las cuales nunca tuvo que ver, está demostrado, Germán está entre nosotros, vive y vivirá en Cuba, ha trabajo en el extranjero, Japón, Panamá y sigue viviendo en la capital de todos los cubanos. Aquellos que levantaron la mano en su contra hoy no se encuentran entre nosotros. Los que lo acusaron no están por los alrededores y él está ahí, así que el hombre era Germán.

Recuerdo con mucha emoción cuando Germán Mesa Fresneda regresó al beisbol, el 18 de mayo de 1998, en el estadio Frank D´Beche de Guanabacoa, en un enfrentamiento entre el Cotorro y Guanabacoa de la serie Provincial, el Cotorro con un uniforme naranja con letras en negro, Germán con su mítico número 11 y primer bate de su equipo. Cuando dijeron su nombre por la amplificación local, el público que abarrotaba la instalación estuvo como 10 minutos parado aplaudiendo a Germán, él llorando tuvo que saludar a la afición con el casco y les pidió que se sentaran para poder consumir su turno al bate. Inmensamente emocionado, no se pudo concentrar y falló en *rolling* inofensivo a segunda. Nunca en mi vida he visto a alguien fallar y que lo aplaudieran tanto. Así de grande es Germán. Lo entrevisté al concluir el juego y me confesó su emoción. Cuando regresó por la puerta ancha a las series nacionales, como hacen los grandes, en el Latinoamericano, pensé que yo estaba preparado para eso momento, te digo que se me salieron las lágrimas y se me hizo un nudo en la garganta que prácticamente no pude narrar ese momento. Germán

besó la tierra y entró al terreno. ¡La grada se levantó
como nunca! Ni a él ni a mí se nos va a olvidar ese día.
A Mesa se le hizo un reconocimiento en cada estadio
donde jugó nuevamente pues era querido en toda Cuba

Culmina exaltado, como si estuviera narrando un juego decisivo.
Germán disfruta las palabras de Andy, rememora esos emocionantes
momentos y prosigue sus confesiones.

Germán en el equipo Cuba, jugada de doble play

El pitcher que más fácil me dominó fue Ariel Prieto, el que jugaba por la
Isla, que luego lanzó en Grandes Ligas. Él tiraba sobre las 90 millas, pero
nunca me tiraba recta, siempre me lanzaba flojo, era desesperante, a 78,
80 millas o quizás menos y lo gracioso era que tenía buena relación con
él y le decía: «¡*Tírame duro!*» y me respondía: «*No, qué va, ¡Flojo!*». A
ese fue al que más difícil se me hizo conectarle.
Para nada me afectan las comparaciones con Eduardo Paret. Lo considero
mi amigo. Cuando Paret llegó al equipo nacional le propuse que entre-
náramos juntos. Él usaba el guante con el dedo por fuera y le aconsejé
cariñosamente que no lo pusiera así para darle más seguridad al fildeo.
Siempre lo ayudé. Le dije que se preparara para cuando yo no estuviera
se ocupara perfectamente de la posición y así mismo lo hizo.

Paret técnicamente hacía el *out* que era *out*, ese no lo fallaba, esa es una de sus virtudes. Realmente eso es lo que se les pide a los jugadores. Si tú la coges un poco más para o para acá eso es un valor agregado. Las comparaciones lo que me motivaban a jugar mejor. Esa rivalidad me retroalimentaba y me motivaba a superarme.
Trabajé con él durante el Primer Clásico. Cuando fue director de Villa Clara lo seguí apoyando. Nos respetamos mutuamente. No quiero hacer comparaciones. Ulacia era muy ofensivo, bateador de maña, no era fácil sacarle *out*. Giraldo González, un portento con el guante, buen desplazamiento, buen brazo. Evenecer Godínez, jugaba muy parejo, parecía no sobresalir, pero todo lo hacía bien. De estos tiempos me gustan los torpederos Luis Vicente Mateo y Moisés Esquerré.

Eduardo Paret declaró a Aurelio Prieto Alemán en el programa televisivo *Confesiones de Grandes* que:

> Germán es uno de los mejores torpederos que han pasado por nuestro beisbol, en lo personal me llevo bien con él. Cuando empecé en el equipo nacional me enseñó muchas cosas y me ayudó en la preparación para el Primer Clásico Mundial».[11]

Paret es una excelente persona y jugador. Tremendo compañero en el equipo nacional. Hombre y amigo. Reinaldo Ordoñez también fue un buen jugador al que apoyé mucho. Quizás no lo reconozca y cuente su media verdad. Respeto sus guantes de oro, lo tenía en un pedestal, pero muchos de sus éxitos en las Grandes Ligas se los debe a cosas que yo le enseñé. Continuamente estaba al lado mío preguntándome como yo hacia las cosas. Siempre les ofrecí buenas atenciones a todos los *short stops* que estuvieron conmigo. Muchas veces les di oportunidad y posibilidad de que jugaran.

Pablo Gutiérrez, entrenador y Psicólogo del Deporte, una vez más nos brinda detalles sobre las cualidades de Germán:

> Era portador de un Temperamento Flemático, con algunos rasgos de Sanguíneo, caracterizándose por tener

---

[11] Prieto Alemán, Aurelio. Programa *Confesiones de Grandes*. Eduardo Paret. Tele Rebelde.

un Sistema Nervioso Fuerte, Equilibrado y de Movilidad Normal. Siempre se le vio altamente motivado, con deseos de competir y rivalizar, con una conducta de alto compromiso social. Se comportaba como uno de los líderes funcionales del equipo, contribuyendo de manera significativa a mejorar la cohesión dentro del grupo, siendo un facilitador de las interacciones tácticas con los jugadores de cuadro, lanzadores y en especial con su segunda base. Fue un jugador con un Alto Nivel de Inteligencia, sobre todo con un Elevado Razonamiento Abstracto, cosas estas unidas a un elevado Nivel de Razonamiento Táctico en condiciones de juego, lo hacían un jugador ideal de su posición. Por lo general respondía con ecuanimidad ante situaciones complejas y tensas. En momentos críticos competitivos no solo se autoregulaba adecuadamente, sino que inspiraba confianza en los demás jugadores y entrenadores.

Con su conducta y trabajo en los entrenamientos mejoró su físico considerablemente. El béisbol es un deporte que demanda Tiempo de Reacción, Velocidad de los Movimientos y Precisión en la Ejecución. En condiciones de laboratorio llegó a tener uno de los mejores Tiempos de Reacción entre todos los jugadores, por lo regular de menos de 25 centésimas de segundo en la prueba de reacción simple y de menos de 400 centésimas de segundo en la prueba de reacción compleja, así como se destacó en la prueba de Velocidad de los Movimientos. Germán estuvo a la altura de los dos mejores atletas en este parámetro: Luis Ulacia y Lourdes Gurriel, ubicándose entre los swings más rápidos de todos los tiempos. En la Prueba de Percepción de Profundidad también obtuvo un resultado extraordinario al hacer diana en 8 intentos de 12 posibles solo siendo superado por un grande de la pelota cubana, Wilfredo Sánchez, resultados comparables a los de los deportistas de Tiro Deportivo. Esta característica contribuyó a que Germán fuera un muy buen bateador de tacto.

Además llevaba a cabo un entrenamiento especial para

fildear los *rollings* en el hueco obteniendo resultados espectaculares. Fue muy observador del quehacer táctico de los entrenadores con un nivel alto de inteligencia que me recordaba a otro grande de su posición, Rodolfo Puente, así se fue dotando de conocimientos útiles para su vida como jugador y más aun para su faceta de entrenador. Germán analizaba muchísimos detalles tales como, la postura del bateador, el tipo de lanzamiento, la ejecución en turnos anteriores del jugador y el estado de la superficie del terreno y situación específica del partido. En fin información que mejoraba su preparación previa a la jugada.

123

Yo no tenía somatotipo de pelotero, pero te soy sincero, no me hizo falta. Tuve que fortalecerme un poco con pesas, ejercicios con fuerza pues tenía buena velocidad en el *swing*, algo muy importante, ahí radica el secreto, y buena técnica, no era un *slugger* pero pude dar más de 100 jonrones en Series Nacionales.

Recuerdo varias jugadas difíciles, la de los Panamericanos de La Habana fue muy importante, pero difícil, lo que se dice difícil, una en Santiago de Cuba, un miércoles, sin televisión, Reutilio Hurtado me dio un *rolling* para el juego, recogí y tiré a primera sin detenerme, con el mismo movimiento con que iba corriendo para el banco, sin mirar. Al rato de terminarse el juego, cuando me enfríe no me podía ni levantar, por eso no se me olvida.

Además, al día siguiente Reutilio me dio otra igualitica, lo que esa vez Meriño me la facilitó porque salió para tercera.

Sentía mucha tristeza cuando no me salían las cosas bien. No podía darme el lujo de cometer errores porque sabía que costaban carreras. Varias veces lloré por errores que cometí o por juegos que perdimos. Aunque era una persona que me recuperaba rápido de las situaciones, visualizaba las deficiencias e intentaba corregirlas rápidamente.

Me acostumbré a estar siempre en movimiento. Si el lanzador hacia 120 lanzamientos, yo me movía todas esas veces anticipando la jugada. Rompía la inercia para que el rolling no me sorprendiera. Lo tenía como hábito. En estos tiempos eso no se estila, a uno de los pocos que se lo veo hacer es a Yamil Rivalta, el *short stop* de Industriales.

124

La mayoría de mis errores fueron en tiro. Yo tenía mi brazo educado para en las jugadas difíciles tirar cortico, para darle la oportunidad al jugador de la primera base a estirarse hacia adelante y capturar el tiro. De los primeras bases que mejor me defendieron están Roberto Colina y Luis Álvarez Estrada.

Me hubiera gustado contar en mi equipo con Agustín Lescaille o Eduardo Leal que eran excelentes. Orestes Kindelán es mi preferido entre los que tuve en el equipo nacional.

Me preparaba fuertemente en las preselecciones para el equipo nacional. Logré tener una gran saltabilidad. Cuando jugaba baloncesto en los entrenamientos era uno de los que lograba clavar la pelota en el aro junto a Omar Linares y Orlando «El Duque» Hernández.

Los entrenamientos de altura en la academia Alejo Peralta Quintero de Pasteje, México, fueron muy útiles para mí. Allí podíamos topar y entrar en forma. Las condiciones eran difíciles, la temperatura variaba constantemente, la alimentación no era la mejor y hasta había ratas en nuestras habitaciones, pero fue muy necesario ese entrenamiento ya que nos ayudaba a mejorar físicamente, controlar nuestro peso corporal y potenciar nuestras capacidades coordinativas. Cuando bajábamos a jugar a nivel del mar todo nos parecía fácil.

Germán Mesa en Pasteje, México

Tuve mejores rendimientos en las Series Selectivas. Subía el nivel y me adaptaba perfectamente. A veces no estaba al máximo en la Serie Nacional porque cuando jugábamos contra equipos de segunda como Citricultores y Forestales yo tenía tendencia a disociarme y me relajaba. Eso me lo criticaron varias veces. Contra esos equipos a veces los directores ponían a mi primo Alberto Fresneda o a Reinaldo Ordoñez, que lo hacían bien. No se notaba mi ausencia.

Desde las categorías inferiores me enseñaron a tocar la bola y lo hacía por cualquier parte del infield. Lo practiqué mucho, iba con mi sobrino al terreno de Cuatro Caminos a entrenar toque de bola, repetición tras repetición. Lo perfeccioné y tocaba con dos *strikes*. Para hacerlo buscaba los conteos donde me lanzaban curva porque podía dirigir mejor la pelota. Era buen corredor de *home* a primera y me pude anotar varios *hits* de esa manera contra lanzadores difíciles.

Aunque algunos piensen lo contrario, cuando era director no me gustaba abusar del toque. Estudiaba a los contrarios y sabia con qué equipo contaba. No me agradaba hacerlo antes del séptimo *inning* y solo con el octavo o noveno bate. Un *out* productivo. Había veces que fallaba, pero me gustaba el juego chiquito. Gané bastante con esa estrategia. Me gusta la sabermetría y la utilicé para situaciones X del juego. Esa es mi filosofía. Jugar con Industriales fue un sueño hecho realidad pues es la insignia del béisbol en Cuba. Aunque fui un pelotero que jugó para el deleite de todo el país. Me hubiera gustado jugar en Grandes Ligas para que también ese gran público supiera quién es Germán Mesa.

Quizás esto decepcione a los fanáticos, pero si volviera a nacer no sería pelotero, me enfocaría en materializar las cosas que dejé en el camino. Sería abogado o psicólogo.

Para que el equipo Cuba vuelva a su senda victoriosa debemos cambiar nuestra filosofía de juego. El conjunto no puede ser solamente integrado por cuartos bates, hay que hacer jugadas, llevar jugadores rápidos que sepan tocar la bola, porque ahora se hace muy pocas veces, nadie lo practica, nadie sabe hacerlo, cuando los mandan se ponen bravos, se pierden los juegos por esos detalles y no podemos seguir jugando al batazo porque no nos da resultado.

A las nuevas generaciones de atletas les doy este consejo, que, si deciden ser deportistas, deben sacrificarse y ponerle empeño a sus carreras, por supuesto hay que renunciar a muchos divertimentos, fiestas, bebidas, trasnochaderas, si de verdad quieren ser de alto rendimiento deben enfocarse al cien por ciento. Te hablo desde la posición de una persona que escogió serlo, fue mi decisión, a mí nadie me obligó a serlo, ni me puso una pistola en la cabeza. Por tanto, lo mío era la pelota, lo demás en otro momento llega. Yo no fui santo, pero ahora tú le dices eso a los muchachos y se molestan, pero deben comprender que el público que va a los estadios es su razón de ser.

Para ser un buen torpedero son necesarias: la habilidad para mover el guante, manos ágiles, buen brazo, velocidad de reacción y coordinación para completar la acción. Ha habido *short stops* que careciendo de alguna de ellas tuvieron resultados porque se destacaron en otras facetas del juego.

Si escogiera una escuela beisbolera como paradigma, preferiría la japonesa por su disciplina y consagración. Quisiera formar nuestra escuela sin tirantez y con ética, que los entrenadores hablen el mismo idioma. Deberíamos estar más unidos. Aquí no hay buenos ni malos, somos buenos todos, o somos malos todos.

Fíjate si hace falta esa escuela, que cuando vine a dirigir Industriales mi primer diagnóstico fue que no sabían jugar al beisbol. Al año siguiente comenzaron las clases teóricas de cada jefe de área, con pizarra y todo, sobre cosas que ellos deberían saber desde la EIDE. ¿Y qué dijeron? Ya llegó este a inventar, está loco.

Lo único que quise fue trabajar para el bien de la pelota y de ellos mismos, se los demostré. No pretendí inventar nada, solo crear una escuela sobre la base de la disciplina. Si no se hace así, sin una cabeza regente, no llegaremos a nada.

Para que nuestro béisbol continúe entre los mejores del mundo, se necesita atender al hombre y cuando hablo de eso me refiero a una atención generalizada. Se están haciendo cosas, pero algunos atienden más, otros menos.

Cuando fui a Pasteje, en México por primera vez con el equipo nacional, no olvido que a la hora de escoger las camas en el dormitorio la dirección nos dijo que Casanova, Linares, Víctor Mesa, Gourriel, Pacheco, Kindelán y Tati Valdés tenían prioridad. Al regresar resultó igual con la recogida de los maletines en el aeropuerto. En la temporada siguiente me esforcé el doble. Al llamarme entre los nueve primeros en tierra azteca, comprendí que el camino para el reconocimiento estaba en hacer más *swings* y fildear *rollings* durante los entrenamientos.

Juego de Estrellas de Veteranos, 2011

Considero primordial el topar con equipos de calidad. De lo contrario nos estancamos. Asia, con Japón a la vanguardia, es una escuela por la multiplicidad de estrategias que emplean. En el picheo tenemos que adoptar definitivamente las prácticas modernas en relación con abridores, preparadores y cerradores. Creo que debemos estimular la atención diferenciada a quienes sobresalen en el terreno. Está al alcance de nuestras manos el volvernos a situar en la cúspide mundial.

Cuando me sancionaron me di cuenta de cuánto me quería mi familia, mis hermanas siempre me apoyaron. Mi madre era proactiva y siempre me decía que lo que sucede conviene, me aconsejó: *«Sácale provecho a la sanción esta, de ahora en adelante tienes que ser mucho mejor»*. No la entendí, pero hoy después de tanto tiempo se que tuvo razón.

Fui un atleta muy disciplinado. Solo me expulsaron una vez, en un juego Industriales-Matanzas en el Victoria de Girón, Félix Isasi hijo, se deslizó durísimo en segunda y me rajó el pantalón. Le proteste al árbitro, no lo expulsó y me molesté. Al final nos botó a los dos.

Fui capitán de Industriales y Ciudad Habana en Selectivas, a veces cuando el receptor, Casamayor ó Ferreiro, no se ponían de acuerdo con el lanzador, picheaban conmigo, se paraban y señalaban hacía mi posición, y entre los tres hacíamos una votación en silencio para decidir que lanzamiento se iba a hacer.

El campo corto y la receptoría son las dos posiciones defensivas del campo de juego. Fue duro el jugar todos esos años. Entregarme al máximo por muchos años y evitar lesiones fue muy difícil. Combatir la fatiga física y mental es bien complejo, uno se siente tan involucrado en el juego como campo corto, preparándose para cada lanzamiento, la defensa, la ubicación de los fildeadores…después de un juego cerrado, y tuve que jugar muchos de ellos, que cuando regresaba al hotel me encontraba mentalmente fatigado. Jugué muchos años y fue duro. Siempre fue un competidor y nunca estuve satisfecho con mi rendimiento, siempre busqué más.

Aunque desde el inicio no me concentré igual, me fui especializando en romper la inercia, que no quiere decir salir a correr bruscamente. Perfeccioné un desplazamiento a lo largo de los años donde desde una posición firme y cómoda me iba hacia delante. Al final cruzaba una línea imaginaria de forma armónica. Una vez en movimiento estaba listo para desplegar todas mis energías en ambos sentidos y soltar la bola con rapidez. Hablaba mucho con los *pitchers* y los cátchers para conocer las señas y como se entendían ellos durante los desafíos. Sabía cómo colocarme si tiraban rectas o rompimientos. Considero que la verdadera maestría en esta posición se logra cuando el atleta alcanza a visualizar la jugada antes de que esta ocurra, anticipándose a la situación.

Mi equipo ideal son todos los jugadores de mi generación. Me gustaría volver a jugar con:

Cátcher: Juan Castro
1ra base: Orestes Kindelán
2da base: Juan Padilla
3ra base: Omar Linares
Right Field: Luis Giraldo Casanova
Center Field: Víctor Mesa
Left Field: Lourdes Gurriel
Bateador Designado: Antonio Pacheco
Lanzadores, todos los de mi tiempo: Valle, El Duque, Arocha, Omar Ajete, Jorge Luis Valdés, Rogelio García y Euclides Rojas.

Germán en el Juego de Estrellas de Veteranos, 2011

Si yo no estuviera en el *short stop* creo que el que podría cumplir la tarea de la manera más acertada sería Eduardo Paret. Uno de los que no fue de mi generación y que siempre quise tener fue a Armando Capiró. Como contrarios en Cuba me gustaban los clásicos contra Santiago, Pinar del Río y Villa Clara. Internacionalmente me gustaba enfrentarme a Japón y Estados Unidos que eran los equipos que nos daban pelea. Entre mis planes futuros se encuentran el trabajar en una academia de béisbol junto a Everth Cabrera. Quizás volver a dirigir a los Industriales y ser más útil al béisbol cubano. Personas como Kindelan, Omar y yo podemos ser mejor aprovechados en nuestro país. Antes de irme para Nicaragua, el expresidente del Instituto Nacional de Deportes, Educación Física y Recreación (INDER), Antonio Becali, me propuso ser el comisionado nacional. Eso me tomó por sorpresa y yo tenía un contrato de trabajo en Nicaragua y no me decidí. Por ese tiempo pusieron a Yosvany Aragón. También me gustaría ser gerente general de algún club. Miguelito Valdés era el del equipo Cuba de mi tiempo. Quisiera ser la persona que buscara a los jugadores para conformar un equipo. Hiciera una bolsa de los tres mejores en su posición sin compromiso personal, además coaches y entrenadores, los evaluaríamos y de allí escogeríamos. Cada jugador debe conocer y cumplir su función. El cuerpo técnico del equipo Cuba no tiene que ser de la provincia de procedencia del director. Creo que el manager puede trabajar cuatro años con el equipo Cuba, aunque no gane un campeonato en la Serie Nacional. De los de ahora me gusta Pablo Civil. Posee todas las características que debe tener un buen manager, pero deben de apoyarlo y no dejarlo solo. Víctor Mesa me agradaba como director. Era muy entusiasta, le daba mucho ánimo al equipo y nunca se daba por vencido. Lo que no era paciente y no escuchaba a sus entrenadores. No sabía terminar los juegos de pelota. Si jugaran a siete innings fuera multi campeón.

No trabajo por dinero, pero aquí debieran tener mejores atenciones con los atletas y entrenadores. Me gustaría estar en un puesto donde pueda aportar más a nuestro deporte nacional. Sé que tengo mucho que ofrecer.

ESTADÍSTICAS DE POR VIDA DE GERMÁN MESA

Serie	Equipo	VB	C	H	2B	3B	HR	CI	BR	BB	AVE
24	M	50	3	8	0	0	0	3	1	2	160
25	M	110	13	20	3	0	0	4	2	15	182
26	M	156	25	31	6	1	0	13	9	24	199
13	CH	68	16	29	4	1	0	7	5	11	294
27	M	169	22	48	6	2	5	19	18	26	284
14	CH	264	63	91	11	6	12	32	27	31	345
28	IND	156	35	47	4	2	5	23	25	21	301
Play Off		23	7	7	0	0	1	2	6	2	304
15	CH	230	36	77	15	1	5	31	19	22	335
29	IND	157	42	54	8	0	6	17	24	30	344
Play Off		13	2	2	0	1	0	0	0	0	154
16	IND	245	53	75	15	3	4	44	21	32	306
30	IND	175	37	58	8	0	3	15	22	26	331
17	CH	65	9	14	4	0	1	4	3	9	215
31	IND	129	28	32	4	0	3	14	14	29	248
Play Off		32	8	9	1	0	0	1	3	4	281
18	CH	163	39	49	7	0	6	24	14	28	301
Play Off		28	5	5	1	0	1	3	2	1	175
32	IND	170	39	41	8	3	7	24	14	30	241
Play Off		14	1	3	0	0	0	0	1	3	214
19	HAB	146	40	47	8	0	7	17	10	26	322
33	IND	145	29	31	6	0	6	12	0	22	214
Play Off		53	9	20	4	0	2	7	3	6	377
20	HAB	34	5	9	0	1	2	7	0	2	265
34	IND	184	36	55	9	0	5	26	9	28	299

Las estadísticas inlcuyen Series Nacionales y Selectivas.

Serie	Equipo	VB	C	H	2B	3B	HR	CI	BR	BB	AVE
21	HAB	60	17	13	4	0	1	6	2	4	217
35	IND	196	47	58	10	1	10	35	14	49	296
Play Off		38	14	10	1	0	1	3	4	7	263
1	Copa Rev.	69	14	14	0	1	2	11	1	20	203
38	IND	267	53	65	11	2	4	36	21	44	243
Play Off		61	7	16	0	0	0	4	2	7	262
39	IND	244	34	77	11	3	1	23	10	37	316
Play Off		11	1	1	0	0	0	0	0	1	091
40	IND	173	47	56	11	2	6	31	6	32	324
Play Off		18	5	5	2	0	1	1	0	3	278
41	IND	215	39	68	12	3	5	26	10	53	316
Play Off	IND	13	3	3	0	0	0	1	2	1	231

(Actuación de por vida)

134

SN	VB	C	H	2B	3B	HR	SLU	CI	BR	CR	BB	K	AVE
16	4352	884	1241	196	33	112	423	527	335	172	689	551	285

Eventos internacionales (tres mundiales)

VB	C	H	2B	3B	HR	TB	SLU	CI	BB	K	AVE
83	44	31	7	1	4	52	626	23	8	16	373

Tres copas intercontinentales

VB	C	H	2B	3B	HR	TB	SLU	CI	BB	K	AVE
71	16	24	5	2	1	36	507	12	10	9	338

Juegos Olímpicos (dos)

VB	C	H	2B	3B	HR	TB	SLU	CI	BB	K	AVE
28	7	11	4	0	0	15	536	2	4	2	393

Tres juegos deportivos Panamericanos

VB	C	H	2B	3B	HR	TB	SLU	CI	BB	K	AVE
71	22	24	5	2	1	36	507	11	15	50	338

Dos juegos Centroamericanos y del Caribe

VB	C	H	2B	3B	HR	TB	SLU	CI	BB	K	AVE
53	14	16	3	0	1	22	415	5	4	7	302

Estadísticas de fildeo en series nacionales

IJ	O	A	E	TL	AVEF	DP
10181.2	2017	4550	250	6817	963	807

Estadísticas cortesía Arnelio Álvarez de la Uz
Fotos utilizadas cortesía Germán Mesa Fresneda

Fuentes consultadas:

BJARKMAN, PETER C. *A History of Cuban Baseball, 1864-2006.* McFarland & Company, Inc. Publishers. North Caroline and London, 2007.

García, Joel. Entrevista a Jorge Fuentes. «No tengo alma de esclavo». Publicado el 18 de mayo de 2014 en: http://www.trabajadores.cu/20140518/jorge-fuentes-tengo-alma-de-esclavo/

Núñez Rodríguez, Enrique. *El vecino de los bajos*. Ediciones UNIÓN. 2016.

Prieto Alemán, Aurelio. Programa Confesiones de Grandes. Eduardo Paret. Tele Rebelde.

ACERCA DEL AUTOR

Joao P. Fariñas

1979, La Habana, Cuba

Periodista y guionista de programas radiales. Se ha desempeñado como crítico de cine de filmes musicales. Ha colaborado con varios programas de televisión y radio en Cuba.

Entre sus libros publicados: *Dos décadas de música: El sonido anglosajón de 1960-1980* (Ed. Arte y Letras); *Una Década de Música, el sonido anglosajón de los 80* (Ed. Arte y Literatura); *Carlos Ruiz de la Tejera, la fuerza de la vocación* (Ed. UnosOtrosEdiciones) y *El largo y tortuoso camino de los Beatles* (Ed. UnosOtrosEdiciones); *Michael Jackson, el Rey del pop* (Ed. UnosOtrosEdiciones), y *Estrellas de la música Afronorteamericana* (Ed UnosOtrosEdiciones).

UNOS & OTROS
EDICIONES

MICHAEL JACKSON

Han pasado diez años de la muerte de Michael Jackson, su legado sigue vivo a pesar de la controversia que existe sobre su persona. Este es un libro para los fans de este ícono mundial de la música. Un recorrido por la historia de su música, desde el surgimiento de los Jackson 5 hasta su muerte, es una recopilación de toda la producción discográfica de Michael con reseñas de las revistas especializadas, la historia de algunos de sus álbumes, fotos, canciones, vídeos y estadísticas de todos los éxitos que logró el Rey del pop. Este es un libro homenaje ilustrado con imágenes. También se incluye valiosa información sobre la trayectoria musical de los Jacksons, discografía de todos sus hermanos, así como su relación con la disquera Motown Records y la música negra norteamericana.

UNOS & OTROS
EDICIONES

MICHAEL JACKSON : EL REY DEL POP

Joao P. Fariñas

Joao Pablo Fariñas

MICHAEL JACKSON
EL REY DEL POP

UNOSOTROS

ESTRELLAS DE LA MÚSICA NORTEAMERICANA

Joao Fariñas

Joao Fariñas
ESTRELLAS
DE LA MÚSICA
AFRONORTEAMERICANA
1950-1980

UNOSOTROS
MÚSICA

La pasión de la periodista María del Carme Mestas la llevó a compilar valiosas entrevistas, crónicas y artículos de destacados exponentes de la música cubana, que hoy se estampan en este libro para los amantes del bolero, filin, de esas canciones que se escuchaban en las victrolas.

El lector encontrará diferentes anécdotas y versiones que existen sobre canciones como «Nosotros» de Pedrito Junco y si murió este autor o no de tuberculosis. Aquí están las voces de Machín, Barbarito Diez, Paulina Álvarez, Benny Moré, Bola de Nieve, La Lupe, Freddy, Rafael Ortiz, Julio Gutiérrez, Fernando Mulens, Farrés, René Touzet, Marta Valdéz, Juan Formell, Abelardo Barroso, Panchito Riset…, también nuevas voces como las de Luna Manzanares, Ivette Cepeda, Daymé Arozarena.

La autora recrea los testimonios de figuras o sobre figuras de la talla del compositor mexicano Juventino Rosas, o como en las más hermosas historias de amor nos cuenta sobre el idilio entre la actriz Blanca Becerra y el compositor Gonzalo Roig que «se quisieron mucho» o nos hace escuchar de nuevo el fotuto de la «Macorina» por las calles de La Habana, nos aterroriza con la verdadera historia de unas «Bodas de sangre», y nos hace llorar con la despedida de amor de Pedro Junco en «Nosotros», para luego reconstruirnos la vida de Pablo Quevedo, aquel ídolo de multitudes del que no quedó ni la sombra de un recuerdo.

PASIÓN POR LA MÚSICA CUBANA

Entrevistas, anécdotas, crónicas, testimonios, canciones, compositores, cantantes, boleros, feeling, éxitos vitroleros

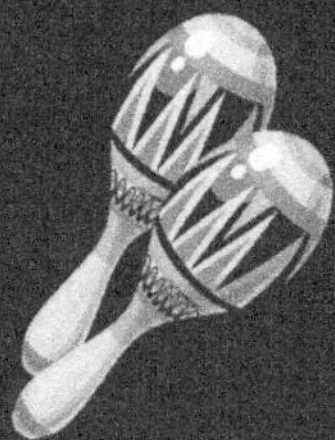

María del Carmen Mestas

Un libro que comienza con un prólogo de Reynaldo González, en mi modesta opinión, el ensayista más importante de Cuba al sur del muro del Malecón, tiene que ser bueno. Y en este el maestro hace un excelente recuento de lo que es, lo que significa, lo que representa, lo que es más que un teatro, es una institución, un pedazo vivo de Cuba en nuestra memoria histórica.

La arquitecta Nancy González Arzola ha sido, por largos años, «el médico de cabecera» solícito y cuidadoso de ese enfermo casi crónico desde su nacimiento, que es el Teatro Martí. Como tal, se sabe su historial clínica como nadie, y ha hecho todos los esfuerzos a su alcance para remediarlos.

Cristóbal Díaz Ayala

El historiador de La Habana Eusebio Leal dijo: «El Teatro Martí es una nave que nos lleva a través del tiempo a recuperar la memoria, la vida, la música. Volver al palco escénico, es recuperar los infinitos invitados, las personalidades de distintas épocas». A punto de terminar esta nueva edición ampliada, muere Rosita Fornés, una de las divas cubanas que triunfó en este teatro, así la autora le dedica el epílogo y recrea las manifestaciones del pueblo que fue a despedirla en el teatro Martí de La Habana, emblemático sitio que la acogiera en numerosas actuaciones.

A través de estas páginas, se conocerá una fascinante y sugerente historia, marcada por las causas y azares del destino, que comenzó a escribirse a finales del siglo XIX. Una historia, iniciada oficialmente en 1884, año de la inauguración del entonces denominado Teatro Yrijoa… Sustentada en una vasta documentación, este estudio ha sabido integrar, de manera consecuente, varias fuentes de diferente procedencia. Así, junto a la información técnica del inmueble, se manejan otros materiales rescatados de periódicos y revistas, de archivos e instituciones, que han permitido conformar un ameno y fluido discurso de interés no

Nancy González Arzola

TEATRO MARTÍ
PRODIGIOSA PERMANENCIA

EDICIÓN AMPLIADA

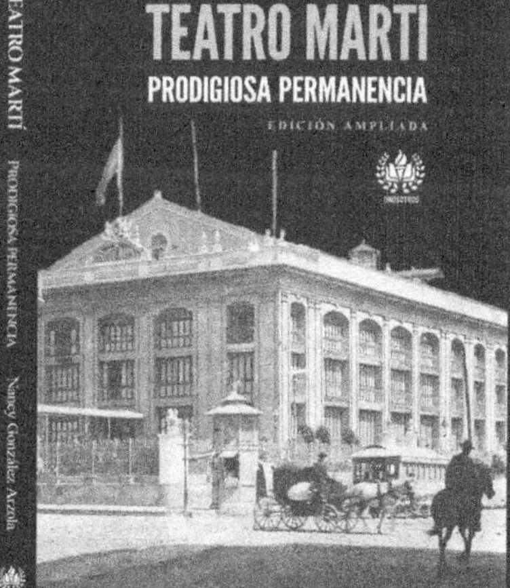

Dámaso Pérez Prado es una de las figuras más universales de la música cubana. La fructífera carrera de este pianista, compositor y director de orquesta culminó en un lugar de privilegio que nadie le disputa: el de Rey del Mambo.

Al investigador colombiano Sergio Santana le tomó más de una década rastrear la vida y obra de Pérez Prado por México, Cuba, Estados Unidos y varios países latinoamericanos. A la vez que completaba la extensa discografía de Rey del Mambo, Sergio iba revisando todas las fuentes biográficas dispersas en bibliotecas, archivos públicos y privados; sus entrevistas, sus presentaciones artísticas, películas y testimonios de sus allegados, así como las opiniones de otros prominentes investigadores musicales.

Esta segunda edición del libro, ampliada y corregida, contiene más de ciento cincuenta fotos y archivos que sumado a la exhaustiva investigación del autor, constituye, sin duda, la mejor biografía de Dámaso Pérez Prado que se haya publicado. El lector encontrará temas como: polémica en torno al origen, la paternidad del mambo; por qué salió de Cuba; éxito en México, películas y expulsión; Pérez Prado sinfónico; Benny Moré en su orquesta; por qué enumeraba sus mambos; Pérez Prado en Estados Unidos; regreso a México y su triste final.

Para quienes vivieron la explosiva Era del mambo y bailaron al grito de sus estridentes metales, la lectura de esta obra los hará viajar al pasado y revivir aquella gloriosa época musical protagonizada por el Rey del Mambo. Para las nuevas generaciones que lo empiezan a escuchar en los modernos medios electrónicos, será una cantera de información esencial para conocer a Dámaso Pérez Prado en sus múltiples facetas, y a la vez valorar uno de nuestros más difundidos ritmos musicales, que a tantos nos hizo exclamar llenos de euforia: ¡Mambo!... ¡Qué rico el mambo!

Eligio Sardiñas, Kid Chocolate ha sido el boxeador cubano más famoso de todos los tiempos. Kid apareció en las marquesinas del Madison Square Garden, el llamado templo del boxeo profesional, con veinte años. Y en su piel de ébano se reflejaron las luces de ese monumental estadio cuando un día conquistó para Cuba el primer cinturón de oro. En ese momento la leyenda del negrito del Cerro, limpiabotas, comenzó a escribirse en la populosa ciudad de Nueva York, meca del deporte de los puños del orbe. Como en un viejo filme la lectura de este libro nos traslada a la época dorada del boxeo.

Kid Chocolate: El boxeo soy yo mantiene al lector hechizado desde sus primeras páginas. Es una investigación bien documentada e imprescindible para entender la historia del mundo del boxeo. Con anécdotas, recortes de prensa, fotos y la última entrevista que el Choco realizó para este libro, los autores nos llevan desde los inicios del niño vendedor de periódicos al «rey negro» que llegó alternar en New York con Cag Calloway, Duke Ellington, Louis Armstrong, Carlos Gardel, entre otros; al declive del que está considerado entre los diez mejores peso pluma de todos los tiempos, incluido en el Salón de la Fama del Boxeo en 1959, doble campeón mundial que no pudo derrotar los excesos de la vida —no sólo llevaba la cuenta de sus peleas, también de las mujeres a las que condujo al *box spring*— murió pobre y aquejado de sífilis, una enfermedad que se le diagnosticó en momentos en que no había medios adecuados para combatirla.

www.unosotrosediciones.com

infoeditorialunosotros@gmail.com

UnosOtrosEdiciones

Siguenos en Facebook, Twitter e Instagram:

www.unosotrosediciones.com

Made in the USA
Monee, IL
07 July 2026

56544288R00083